Privatinsolvenz

- Schneller schuldenfrei: Abkürzungen im Insolvenzverfahren

Silke Meeners

ISBN-13:
978-1503349285

ISBN-10:
1503349284

Ein Wort vorweg

Ich habe mich dafür entschieden, die Leser dieser Buchreihe mit „du" anzusprechen statt mit „Sie".

Damit möchte ich niemandem zu nahe treten oder kumpelhaft erscheinen, sondern ich habe diese Form gewählt, weil ich sehr oft die Erfahrung gemacht habe, dass Menschen mit einem Du besser zum tatsächlichen Handeln motiviert werden können.

Sie fühlen sich wahrgenommen, wenn man sie persönlich und konkret anspricht statt distanziert-überlegen allgemeine Ratschläge zu erteilen. Und sie sind dann eher bereit, auch wirklich aktiv zu werden, statt die Informationen nur zu „konsumieren".

Dieser Ratgeber soll praktische Hilfe und Anstoß sein, das eigene Insolvenzverfahren aktiv mitzugestalten und wenn möglich schneller zu beenden.

Dafür muss man die Abläufe erst einmal grundsätzlich verstehen und seine Handlungsmöglichkeiten kennen. Dabei fällt es leichter, sich auf diese fremde juristische Welt einzulassen, wenn man die gleiche Sprache spricht und sich auf Augenhöhe mit dem Autor befindet.

Inhalt

Infokasten:

 Beispiel-Schreiben vom Insolvenzgericht mit Erklärungen

 Beispiel-Schreiben vom Insolvenzverwalter / Treuhänder* mit Erklärungen

 Musterschreiben für dich

 Wichtig!

*In diesem Buch ist immer vom Insolvenzverwalter/Treuhänder gleichzeitig die Rede. Dies hat den Hintergrund, dass in den bis zum 01.07.2014 eröffneten Verbraucherinsolvenzverfahren für das eröffnete Verfahren ein Treuhänder bestellt wurde genau wie für die spätere Wohlverhaltensphase. Um beide Verfahrensabschnitte auch für alle Beteiligten nun besser zu unterscheiden, wird ab 01.07.2014 nun – genau wie in den Regelinsolvenzen – zunächst ein Insolvenzverwalter (eröffnetes Verfahren) und dann ein Treuhänder (Wohlverhaltensphase) bestellt.

In ihrer Funktion und für die hier dargestellten Möglichkeiten unterscheiden sich der **Treuhänder (Verfahren eröffnet vor 01.07.2014)** und **Insolvenzverwalter (Verfahren ab 01.07.2014**) im Verbraucherinsolvenzverfahren aber nicht. Deswegen werden sie immer parallel erwähnt. Gemeint ist immer der vom Insolvenzgericht mit der Abwicklung deines Verfahrens Beauftragte.

Übersicht über die Beispiel- und Musterschreiben:

Musterschreiben für dich:

Beispiel-Beschlüsse vom Insolvenzgericht mit Erklärungen:

Beispiel-Schreiben vom Treuhänder:

Ein Buch für dich?

Du bist auf dieses Buch gestoßen, weil du nach Möglichkeiten suchst, deine Schulden schneller loszuwerden oder ein Insolvenzverfahren schneller zu durchlaufen als durchschnittlich üblich.

Falls du dabei an „schnellere" Insolvenzverfahren im europäischen Ausland oder Ähnliches denkst, wird dir dieser Ratgeber nicht weiterhelfen. Solche Umwege und die Nutzung rechtlicher Grauzonen sind nämlich gar nicht nötig.

Dieses Buch zeigt die verschiedenen Möglichkeiten auf, ganz legal und wie im deutschen Recht vorgesehen schuldenfrei zu werden und dabei schneller als viele andere Betroffene den wirtschaftlichen Neustart zu schaffen.

Du bist verschuldet, eine Privatinsolvenz scheint unausweichlich oder dein Insolvenzverfahren wurde sogar schon eröffnet?

In jedem Stadium gibt es Möglichkeiten, schneller schuldenfrei zu werden!

Zwar gilt grundsätzlich: je früher man über die aufgezeigten Möglichkeiten nachdenkt, desto besser. Aber auch später lohnt sich immer eine Prüfung, da viele der aufgezeigten Möglichkeiten auch kurzfristig umsetzbar sind.

Das Spannende dabei ist: viele Beteiligte kennen heute gar keine Alternativen zum klassischen (Verbraucher)Insolvenzverfahren mehr. Meist heißt es pauschal: „Entweder außergerichtliche Einigung mit allen Gläubigern oder 6 Jahre Insolvenzverfahren".

Dabei wird in den letzten Jahren der außergerichtliche Einigungsversuch zunehmend nur noch als notwendige Formalie oder gar lästiges Übel auf dem Weg in das gerichtliche Insolvenzverfahren wahrgenommen.

Viele Beratungsstellen für Schuldner, egal ob gemeinnützige Organisationen oder z.B. Rechtsanwälte, sind in ihren Arbeitsabläufen heute so ausgerichtet. Über weitere Möglichkeiten wird oft gar nicht groß nachgedacht.

Das hat oft mit der Masse der in den Beratungsstellen zu bearbeitenden Fällen zu tun, die möglichst standardisiert abgehandelt werden müssen.

Aber auch damit, dass die Vielzahl der weiteren Möglichkeiten den Beratern nicht immer präsent vor Augen ist.

Auch das soll dieser Ratgeber ändern. Er gibt einen schnellen **Überblick** über die Möglichkeiten, zeigt die jeweiligen **Voraussetzungen, Vor-und Nachteile** auf und gibt **Rechenbeispiele** und **Mustertexte** zur Umsetzung an die Hand.

Es gibt viele Bücher zum Thema Verbraucherinsolvenz / Privatinsolvenz. Auch einige zum Thema Schuldenregulierung. Die meisten beschreiben den direkten Weg in das gerichtliche Verfahren und bieten Hilfestellung für eine „aussichtslose" außergerichtliche Schuldenbereinigung. Viele sind zudem nur für Fachleute wirklich zu verstehen und daher kaum hilfreich.

Dieses Buch ist anders: es stellt die verschiedenen Varianten und Laufzeiten von Schuldenbereinigungs-Möglichkeiten vor.

Möglichkeiten, um

- **ein gerichtliches Verfahren und seine lange Laufzeit zu vermeiden,**
- **ein bereits laufendes Verfahren zu beenden oder**
- **die Zeit bis zur gerichtlichen Erteilung der Restschuldbefreiung zu verkürzen.**

Denn: aus 6 Jahren Insolvenzverfahren werden mit Blick auf die Löschungsfristen bei SCHUFA, Schuldnerkartei etc. mindestens 9 Jahre bis zum wirklichen Neustart.

Von den ersten Zahlungsschwierigkeiten über Ratenzahlungs-Versuche und dem Eintritt der Zahlungsunfähigkeit bis zur Erteilung der Restschuldbefreiung sprechen wir dann alles in allem von einem Zeitraum von deutlich mehr als 10 Jahren, in denen Schulden und Einschränkungen dein Leben prägen!

Das ist eine sehr lange Zeit. Und gerade, wenn du beruflich neue Perspektiven hast oder einfach endgültig mit der Schulden-Vergangenheit abschließen möchtest, lohnt es sich, über die Alternativen nachzudenken.

Bis auf wenige Ausnahmen setzen allerdings fast alle aufgezeigten Möglichkeiten eines voraus: dass zumindest ein konkreter Zahlbetrag zur Schuldenbereinigung zu Verfügung steht.

Wenn du also nicht nur wieder Kontrolle über deine finanzielle Situation gewinnen, sondern auch selber etwas dafür tun willst, dann lies weiter!

Schneller schuldenfrei heißt erfahrungsgemäß auch schneller sorgenfrei.

So kannst du dir (und deiner Familie) vielleicht eine unnötig lange, belastende Zeit mit viel Stress und Unsicherheit ersparen, indem du deine Schulden schneller los wirst.

Es geht um deine **Zeit,** deine **Handlungsfreiheit** und deine wirtschaftliche **Unabhängigkeit**!

Also los!

An dieser Stelle noch eine dringende Empfehlung:

Die Einigung mit deinen Gläubigern ist grundsätzlich immer und auch ohne Hilfe von Dritten möglich. Du musst also nicht zwingend eine Schuldnerberatungsstelle oder einen Rechtsanwalt o.ä. um Hilfe bitten.

Allerdings setzt die Einleitung des Verbraucherinsolvenzverfahrens sowieso die Einschaltung einer anerkannten Stelle für die außergerichtliche Schuldenbereinigung und Bescheinigung über deren Scheitern voraus.

Außerdem ist man als persönlich (und damit auch emotional) Betroffener selten objektiv und sachlich genug, um eine schnelle und wirklich gute Regelung zu erreichen.

Oft fehlt es schon am vollständigen Überblick oder die Kommunikation zu einem oder mehreren Gläubigern ist im Vorfeld negativ verlaufen (persönlich verletzend, unsachlich, mit Falschangaben oder sogar beidseitigen Drohungen etc.).

Es empfiehlt sich also wirklich, eine fachkundige Person zumindest um Mithilfe zu bitten, sobald dir –auch durch das Lesen dieses Buches - klar ist, wie du deine Schulden-Vergangenheit regeln kannst und möchtest!

Dein Berater kann z.B. auch routiniert telefonisch vor- oder nachverhandeln, wenn ansonsten eine schriftliche Einigung schwierig ist. Den Berater belastet die Regelung deiner Angelegenheit nicht persönlich/emotional und er kann viel ruhiger und sachlicher agieren und den Kontakt zu deinen Gläubigern (wieder) aufnehmen.

Der gesetzliche Regelfall

Schulden und Zahlungsunfähigkeit sind heute weit verbreitete Begriffe und für viele Menschen alltäglich Realität in ihrem Leben.

Es ist längst kein Ausnahmefall mehr, seinen Zahlungspflichten nicht überall nachkommen zu können und betrifft auch nicht nur – wie früher oft unterstellt - Konsumsüchtige, Rechenschwache oder sonst irgendwie „Unvernünftige".

Auch der Gesetzgeber hat diese Realität erkannt und deshalb bereits im Jahr 1999 das Verbraucherinsolvenzverfahren eingeführt, mit dem Privatleute von ihren Schulden befreit werden können.

Seitdem sind weit über eine Million Menschen diesen Weg gegangen und für fast alle von ihnen dauerte es mindestens die gesetzlich vorgesehenen 6 (früher: 7) Jahre „**Wohlverhalten**", bis ihre Schulden offiziell für erledigt erklärt wurden.

Oft auch zum Unwillen der betroffenen Gläubiger, die ihr Geld nicht zurück bekamen. Allerdings dient das Insolvenzverfahren letztlich allen in der Gesellschaft und die **Erteilung von Restschuldbefreiung** wird vom Staat gezielt eingesetzt, um die Arbeits- und Leistungsfähigkeit der Betroffenen wieder zu steigern und ihnen eine Rückkehr in den Konsumkreislauf zu ermöglichen. Dies führt zur Stärkung der Wirtschaft und des Steueraufkommens. So die Grundüberlegungen.

In den ersten Jahren seit seiner Einführung noch kaum bekannt, ist das Verbraucherinsolvenzverfahren inzwischen in aller Munde: kaum ein Fernseh-Sender, kaum eine Tageszeitung, die das Thema nicht regelmäßig aufgreifen.

Durch diese Präsenz in Medien, Internet, Ratgeber-Broschüren der Verbraucherzentralen oder gemeinnützigen Einrichtungen und nicht zuletzt durch die vielen Menschen, die seither das Verfahren durchlaufen haben, hat sich der „gesetzliche Normalfall" des Insolvenzverfahrens als relativ festes Bild in den Köpfen der Allgemeinheit verankert. Danach läuft das Verfahren in der Regel so ab:

1. Du kannst fällige Rechnungen, Zahlungs-Raten und notwendigen Anschaffungen nicht mehr bezahlen, d.h. du bist verschuldet.

2. Du versuchst, durch weitere Kreditaufnahmen, Ratenzahlungen oder Bittschreiben eine Lösung zu finden.

3. Irgendwann – spätestens nach einigen Zwangsvollstreckungsmaßnahmen gegen dich - siehst du ein, dass du Hilfe benötigst.

4. Du suchst nach einer geeigneten Beratungsstelle (städtische/ kirchliche/ gemeinnützige Beratungsstellen, Verbraucherzentralen, Rechtsanwälte, etc.).

5. Eine außergerichtliche Schuldenbereinigung wird versucht, d.h. auf Basis deiner wirtschaftlichen Verhältnisse wird allen Gläubigern eine Regelung vorgeschlagen. Eine solche Schuldenbereinigung mit der Hilfe von anerkannten Beratungsstellen ist gesetzlich auch Voraussetzung, um überhaupt ein Verbraucherinsolvenzverfahren beantragen zu können.

6. Die außergerichtliche Schuldenbereinigung scheitert.

7. Ein Insolvenzantrag wird vorbereitet und beim Insolvenzgericht eingereicht.

8. Das Verbraucherinsolvenzverfahren (Privatinsolvenz) wird eröffnet.

9. Ein vom Gericht eingesetzter Insolvenzverwalter/ Treuhänder wickelt das Verfahren ab, damit die Rechte der Gläubiger berücksichtigt und das Verfahren ordnungsgemäß durchlaufen wird.

10. Nach 6 Jahren erhält der „redliche Schuldner" vom Gericht die Restschuldbefreiung erteilt und ist damit schuldenfrei.

Alle Rahmenbedingungen und Rechtsfolgen des Insolvenzverfahrens werden dabei oft ohne Weiteres in Kauf genommen.

Aus Sicht der meisten Betroffenen, die oft seit Jahren unter hohem Leidensdruck wegen der Schulden standen und nicht selten vollständig den Überblick verloren hatten, ist alles besser als mit den Schulden weiterzuleben.

Doch ein Verbraucherinsolvenzverfahren ist kein „Selbstläufer" und auch nicht „rundum angenehm" für die betroffenen Schuldner:

Es gibt vieles zu beachten, diverse Pflichten sind zu erfüllen, einige Einschränkungen in Kauf zu nehmen und vor allem verliert man einen Großteil seiner eigenen wirtschaftlichen Handlungsfähigkeit und Entscheidungsfreiheit!

Den Ablauf des Verbraucherinsolvenzverfahrens mit seinen einzelnen Abschnitten und Bedeutungen habe ich in Band 1 von inso-im-griff („So läuft's") beschrieben.

Maßgeblich als nachteilig empfunden wird im gerichtlichen Verfahren oft vor allem, dass

1. **man 6 Jahre lang auf den pfändungsfreien Teil seines eigentlichen Einkommens beschränkt ist,**

2. **Arbeitgeber und Vermieter über die Eröffnung des Insolvenzverfahrens informiert werden;**

3. **die Aufnahme / Weiterführung einer selbständigen Tätigkeit nicht ohne Weiteres möglich ist;**

4. **einige Schreibarbeit im Verfahren anfällt und man oft das Gefühl hat, sich für irgendetwas rechtfertigen zu müssen.**

Und nicht zuletzt, dass

5. **man ständig mit der „Justiz" und deren zumindest subjektiv als unfreundlich empfundenen Abläufen zu tun hat und sich dabei latent „zweitklassig" vorkommt.**

Außerdem droht im Verbraucherinsolvenzverfahren theoretisch die ganzen 6 Jahre lang die mögliche Versagung der Restschuldbefreiung, wenn deine Gläubiger dir Fehler oder Falschangaben nachweisen.

Bis zu einem Jahr nach Erteilung der Restschuldbefreiung kann diese zudem noch widerrufen werden.

Und erst nach weiteren 3 Jahren erfolgt dann sogar erst die Löschung der Negativeinträge bei SCHUFA, Schuldnerkartei etc.!

Sich sicher fühlen und frei wirtschaftlich handeln kann man also erst nach rund 10 Jahren.

Vielen Betroffenen wäre natürlich eine kürzere Belastungs-Zeit lieber.

Vorteile bei vorzeitiger Befreiung von den Schulden

Es gibt für viele Betroffene also wirklich gute Gründe, entweder erst gar nicht den Weg in das Verbraucherinsolvenzverfahren zu gehen, oder aber das Verfahren so kurz und schmerzlos wie möglich zu halten.

Die Vorteile einer Abkürzung zur Schuldenfreiheit liegen dabei auf der Hand:

- Man gewinnt viel **Zeit**: statt 6 Jahre lang auf die Befreiung von den Schulden zu warten und dabei unter „Überwachung" zu stehen, kann man kurzfristig neu starten.

- Man gewinnt **Handlungs**- und **Entscheidungsfreiheit** und kann wieder **unabhängig** von Insolvenzgericht und Treuhänder handeln, auch ohne ständig belegen zu müssen, dass man ein „redlicher Schuldner" ist.

- Man kann mit neuem Selbstbewusstsein und „weißer Weste" z.B. eine neue Arbeitsstelle antreten oder einen neuen Mietvertrag abschließen, ohne sich durch das Insolvenzverfahren „gebrandmarkt" zu fühlen.

- Man gewinnt wieder Kreditwürdigkeit in Alltagsdingen (Mobilfunkvertrag, Ratenzahlungsvertrag für Waschmaschine etc., Mietvertrag).

- Man begegnet Vertragspartnern wieder auf Augenhöhe, fühlt sich weniger als Bittsteller oder angewiesen auf Hilfe anderer.

- Und nicht zuletzt: man kann über sein Einkommen frei verfügen und dabei z.B. auch Altersvorsorge betreiben oder Sparvermögen ansammeln.

Dabei sind die verschiedenen Abkürzungs-Möglichkeiten, die ich im Anschluss vorstelle, grob in 3 Gruppen zusammen zu fassen:

- Vermeidung des „klassischen" Insolvenzverfahrens (außergerichtliche Einigung, Zustandekommen des gerichtlichen Schuldenbereinigungsplans, Insolvenzplan-Verfahren)

- Frühe Einstellung des Insolvenzverfahrens (Einigung mit Gläubigern) oder

- die vorzeitige Erteilung der Restschuldbefreiung vor Ablauf der Wohlverhaltensperiode.

Jede der Gruppen hat ihre eigenen Regeln, sie unterscheiden sich in den Voraussetzungen und den Vor-/Nachteilen der jeweiligen Lösung.

Und damit sind nicht nur die Vor- oder Nachteile für den betroffenen Schuldner gemeint, sondern tatsächlich auch für die beteiligten Gläubiger!

Eine kürzere Verfahrensdauer hat in vielen Fällen auch Vorteile für die Gläubiger, was oft übersehen wird!

Viele Gläubiger schimpfen immer wieder, dass es den Schuldnern überhaupt ermöglicht wird, von der Rückzahlung „ihres" Geldes befreit zu werden.

Erst recht sind sie natürlich oft dagegen, dass das sogar noch schneller geht.

Was sie dabei nicht bedenken: auch für viele Gläubiger, insbesondere die, die quasi in jedem Insolvenzverfahren irgendwie beteiligt sind (Banken/Sparkassen, Energieversorger, Versicherungen, Jobcenter, Vermieter, Finanzämter, etc.) ist das

Insolvenzverfahren ihres Schuldners mit hohem Arbeitsaufwand und damit Kosten verbunden. Und führt erfahrungsgemäß nur selten und nur in geringen Teilen tatsächlich zur Rückführung der Verbindlichkeiten.

Unabhängig davon, dass zumindest die Höhe der „verlorenen Forderungen" bei den Gläubigern in nicht wenigen Fällen auch mit deren später Reaktion und mangelnden Absicherung der zugrunde liegenden Verträge zu tun hat (s. Band 13 der Reihe inso-im-griff), unterschätzen diese auch, wie viel „gutes Geld" sie dem „schlechten" im Insolvenzverfahren noch hinterherwerfen.

Bedenkt man allein, wie oft die Gläubiger im Verfahren angeschrieben werden (Zustellung aller ergehenden Beschlüsse, Aufforderung zur Forderungsanmeldung, Aufforderung zum Nachweis bestrittener Forderungen, Aufforderung zur Stellungnahme zur Restschuldbefreiung, etc.), wird klar wie viel Bearbeitungszeit und Prüfungsaufwand über weitere 6 Jahre dann notwendig ist.

Diesen Personal-, Zeit- und Kostenaufwand (oft ohne Aussicht auf nennenswerten Zahlungs-Rückfluss) kann jeder Gläubiger besser in seine „gesunden" Verträge und die Erwirtschaftung von Gewinnen investieren statt in die Verwaltung der Verluste.

Eine vorzeitige Regelung kann daher für alle Beteiligten (inklusive der Landesjustizkassen) sogar wirtschaftlich deutlich vorteilhafter sein als ein Durchlaufen des gesamten Insolvenzverfahrens, insbesondere wenn ihnen eine höhere Rückzahlungsquote angeboten wird als im Verfahren zu erwarten wäre.

Bei allen Vorteilen, die eine Abkürzung in die Schuldenfreiheit verspricht, sollte man sich vorab auf jeden Fall immer Zeit für diese **Vorüberlegungen** nehmen:

1. Eine Abkürzung macht nur Sinn, wenn sie tatsächlich in neue wirtschaftliche Freiheit führt. Drohen stattdessen immer wieder neue Schulden und Abhängigkeiten, ist es wohl besser, die Situation langsam und im Verfahren geordnet neu zu gestalten.

2. Liegen sog. Forderungen aus unerlaubter Handlung in erheblicher Höhe vor? Dann sollten diese vorab bereinigt werden (vgl. Band 4 der Reihe inso-im-griff) oder im Regulierungsplan deutlich eigenständig behandelt werden.

3. Was kann ich den Gläubigern tatsächlich zur Regulierung anbieten und wo liegen deren Vorteile bei einer schnelleren Regelung?

Überleg vor einem Angebot also genau, ob es wirklich realistisch ist, dass du es auch einhalten kannst!

Mach kein zu gutes Angebot, um die Gläubiger für eine Einigung zu gewinnen, das du später nicht erfüllen kannst. Hältst du dich einmal nicht an getroffene Vereinbarungen, sind neuer Ärger, Vollstreckungsmaßnahmen und weitere Kosten vorprogrammiert und eine erneute Einigung wird unwahrscheinlich.

Manchmal ändern sich in der laufenden Regulierung auch die Interessenslage oder die wirtschaftlichen Verhältnisse.

Gerade Schuldner, die zwischenzeitlich in Panik geraten waren oder auf Druck eines Gläubigers einen Insolvenzantrag gestellt hatten, haben mich im Laufe der Jahre öfter gefragt, ob sie nicht einfach den Antrag auf Eröffnung des Insolvenzverfahrens zurücknehmen können, um wieder unabhängig handlungsfähig zu werden.

Diese Möglichkeit besteht aber nicht, nach Eröffnung läuft zunächst die gerichtliche „Maschinerie", auch im Interesse des Gläubigerschutzes und kann nicht so ohne Weiteres angehalten werden.

Um zu wissen, welche Möglichkeiten trotzdem bestehen, lohnt sich das Weiterlesen:

Überblick verschaffen

Der erste Schritt zur Schuldenfreiheit ist immer gleich:

Am Anfang aller hier aufgezeigten Möglichkeiten steht immer der notwendige Überblick über den Stand der Dinge. Wenn du zu den Menschen gehörst, die Post nicht geöffnet oder nicht wirklich gelesen haben, dann ist jetzt der Zeitpunkt, das zu ändern:

- Suche **alle** Gläubiger-Schreiben, Verträge etc. zusammen (auch die aus dem Küchenschrank, im Karton im Keller, den vielen Schubladen, die alles geduldig aufgenommen haben). Wichtig ist, dass du wirklich alles möglichst vollständig beisammen hast, sonst bleiben zu viele Unsicherheiten in der Regulierung.
- Besorg dir einen dicken Aktenordner und ein A-Z-Register und sortiere alle Unterlagen dort alphabetisch ein.
- Wenn du nicht sicher bist, ob eine Forderung verkauft oder abgetreten wurde, weil immer neue Inkasso-Büro-Namen oder Briefe von Rechtsanwälten auftauchen, sortiere diese zunächst auch separat ein, damit alle angeschrieben werden. Besser zu viele Gläubiger beteiligt als zu wenige!
- Das Schreiben mit dem jüngsten Datum pro Gläubiger heftest du jeweils nach oben, damit du es immer schnell findest.
- Wenn alles einsortiert ist, stelle eine Liste aller Beteiligten (Name, Adresse, Aktenzeichen, Forderungsgrund, Betrag) zusammen.

- Wenn möglich, notiere dir mit Hilfe deiner Unterlagen oder Erinnerung auch direkt zu jedem Gläubiger, ob es Besonderheiten gibt, z.B. ob du auf die Forderungen schon (Raten-)Zahlungen geleistet hast, zu den Forderungen Vollstreckungstitel vorliegen oder sogar schon vollstreckt wurde, ob jemand für dich als Bürge eingetreten war oder du eine Lohnabtretung unterschreiben hast etc.)

Nun hast du einen ersten Überblick, bei wem du welche Schulden hast und wen du alles anschreiben musst, um eine mögliche Einigung zu erzielen.

In meinen folgenden Beispielen gehe ich z.B. davon aus, dass diese Gläubiger vorhanden sind und beteiligt werden müssen:

1. Anna Versand
2. Autohaus H. Blechle
3. Hans Grummel
4. Saft-Kraft-Energie AG
5. Sparkasse Sorgenstadt
6. Superphone GmbH
7. Tolle Hütte Bauspar AG
8. Theo Unbesorgt
9. Ziel-Bank AG

Auf Basis dieser ersten Liste kannst du (oder dein Berater!) jetzt alle Beteiligten anschreiben,um die Schuldenregulierung einzuleiten.

Musterschreiben an die Gläubiger – **Anforderung aktuelle Forderungsaufstellung** -:

Abs.: Beate Ohnemoos
Neustraße 3
12345 Sorgenstadt

Anna-Versand GmbH
Parkettstraße 1-99
56789 Oberburg

Sorgenstadt, den 15.05.2014

Ihr Zeichen: Rg. 99-100-123456
Warenlieferungen

Sehr geehrte Damen und Herren,

Ihren Zahlungsaufforderungen konnte ich bislang leider nicht nachkommen. Ich habe aktuell erhebliche Verbindlichkeiten bei mehreren Vertragspartnern und bemühe mich nun, einen vollständigen Überblick über sämtliche Forderungen zu erhalten, um eine Regelung mit allen Gläubigern zu erreichen.

Zur Vorbereitung eines Schuldenregulierungsplans bitte ich, mir Auskunft über die Ihrerseits bestehenden Forderungen zu erteilen.

Dazu bitte ich höflich um folgende Angaben:

1. Wer genau ist aktuell Inhaber der Forderung; hierzu bitte ich um Angabe der vollständigen zustellungsfähigen Anschrift (bitte keine Postfachbezeichnung);
2. Ist die Forderung abgetreten worden? In diesem Fall bitte ich auch um Angabe des ursprünglichen Gläubigers, um die Forderung zuordnen zu können;
3. Angabe des Forderungsgrundes;
4. Angabe, ob die Forderung tituliert ist;
5. aufgeschlüsselte Aufstellung nach Hauptforderung, Zinsen und Kosten;
6. Angabe, ob und ggf. welche Sicherheiten für die Forderung bestehen

Die o.g. Angaben erbitte ich schriftlich binnen zwei Wochen.
Sobald mir die Rückmeldung aller Gläubiger vorliegt und ich mir einen vollständigen Überblick über die Gesamtverbindlichkeiten machen konnte, werde ich Ihnen kurzfristig einen Vergleichsvorschlag in Form eines Schuldenbereinigungsplans übersenden.
Für Ihre Bemühungen bedanke ich mich.

Mit freundlichen Grüßen

Beate Ohnemoos

Checkliste:

1. **Alle Unterlagen gesichtet und nach Gläubigern sortiert?**

2. **Alle Gläubiger angeschrieben und aktuelle Forderungsaufstellung angefordert?**

3. **Gläubiger- und Forderungsübersicht mit allen aktuellen Daten sorgfältig erstellt?**

Weitere Überlegungen:

4. **Besteht Aussicht, mit deinem Arbeitseinkommen oder durch Hilfe Dritter einen Betrag von mindestens 10% der Schuldenhöhe zu sammeln?**

5. **Wenn ja, bis zu welchem Zeitpunkt wird voraussichtlich welcher Betrag zur Schuldenbereinigung zur Verfügung stehen?**

[6. Gibt es Gläubiger, mit denen eine vergleichsweise Einigung besonders schwierig werden kann und ist hier eine Vorab-Regelung möglich?]

Muster Gläubiger- und Forderungsverzeichnis

Nachdem du alle beteiligten Gläubiger angeschrieben hast, kommen nach und nach deren aktuelle Forderungsaufstellungen per Post ins Haus.

Nicht alle Gläubiger werden erfahrungsgemäß zeitnah antworten. Dann übernimmst du zunächst den Betrag aus dem letzten dir vorliegenden Schreiben.

Manche Gläubiger, die länger nichts von dir gehört hatten, werden jetzt vielleicht auch „wach" und versuchen, dich telefonisch zu einer kurzfristigen Zahlung zu bewegen.

Lass dich hierauf nicht ein. Bleibe höflich und sachlich, halte das Gespräch kurz und verweise darauf, dass jetzt eine Regelung mit allen Gläubigern getroffen werden muss und daher eine Einzel-Vereinbarung nicht erfolgt.

Sei darauf gefasst, dass die Mitarbeiter der Gläubiger oder Inkasso-Büros gut geschult sind und es verstehen, dich zu einer konkreten Zusage zu bewegen. Bleibe standhaft und betone, dass nun alles grundsätzlich schriftlich geregelt wird!

In der Regel hast du binnen 2 Wochen Antwort von den meisten Gläubigern und kannst mit deren Angaben das sogenannte „**Gläubiger- und Forderungsverzeichnis**" erstellen.

Wichtig: notiere ein Datum auf dieser Aufstellung, damit du später erkennen kannst, bis wann z.B. Kosten und Zinsen berechnet wurden.

Hier das **<u>Gläubiger- und Forderungsverzeichnis</u>**, das in den folgenden Beispielen bei allen Regulierungsmöglichkeiten **<u>außerhalb des Insolvenzverfahrens oder vor Schlusstermin im Insolvenzverfahren</u>** zugrunde gelegt wird:

Nr.	Gläubiger	Vertreter	Hauptforderung	Zinsen +Kosten	Grund der Forderung	Summe aller Forderungen
1	Ziel-Bank AG Harry-Wijnford-Platz 1 98765 Lustighafen	-	9.200,00 €	637,95 €	Konsumenten-Darlehen	9.837,95 €
2	Tolle Hütte Bauspar AG Unter der Eiche 2 43256 Ohnegleichen	-	7.325,00 €	0,00 €	Bauspar-Darlehen	7.325,00 €
3	Anna-Versand GmbH Parkettstraße 1-99 56789 Oberburg	Oberburg Inkasso Fährtenweg 1 56789 Oberburg	810,00 €	25,40 €	Waren-Lieferung	835,40 €
4	Herr Theo Unbesorgt Alte Allee 88 12345 Sorgenstadt	-	4.000,00 €	0,00 €	Privat-Darlehen	4.000,00 €
5	Superphone GmbH Lange Leitung 3 69875 Funkloch	-	989,90 €	397,76 €	Telekommuni-kations-Leistung	1.387,66 €
6	Saft-Kraft-Energie AG Tief im Westen 10 75689 Kernschmelz	Rechtsanwälte Mau Flaute 9 75689 Kernschmelz	421,39 €	30,00 €	Energie-Lieferung (Strom+Gas)	451,39 €
7	Sparkasse Sorgenstadt Schöne Aussicht 1 12345 Sorgenstadt	Soft Inkasso GmbH Blaue Meile 8 12345 Sorgenstadt	10.500,00 €	391,33 €	Verbraucher-Kredit	10.891,33 €
8	Autohaus H. Blechle Rennstrecke 1 54321 Autostadt	Rechtsanwalt Laut Oberwasser 13 54321 Autostadt	1.464,72 €	0,00 €	Werkvertrag Fzg.-Reparatur	1.464,72 €
9	Hans Grummel Villa Berg 1 12345 Sorgenstadt	-	370,50 €	0,00 €	Nebenkosten-Nachzahlung 2012	370,50 €
						36.563,95 €

Dies stellt in Höhe und Struktur ein relativ typisches / durchschnittliches Gläubiger- und Forderungsverzeichnis dar bei 9 Gläubigern und Forderungen in Höhe von insgesamt 36.563,95 €, für die eine Regulierung versucht werden soll.

Darin sind <u>alle Verbindlichkeiten</u> erfasst, die unsere Beispielschuldnerin Beate Ohnemoos <u>bei allen Gläubigern</u> hat.

A) Vor Eröffnung des Insolvenzverfahrens

Möglichkeit 1: außergerichtlicher Zahlungsvergleich

Der außergerichtliche Zahlungsvergleich ist vielen Betroffenen grundsätzlich bekannt und wird von einigen meiner Rechtsanwalts- und Schuldnerberaterkollegen gerne als „Königsweg" der Schuldenregulierung bezeichnet.

Dies ist auch berechtigt, da mit einem durchdachten und sorgfältig formulierten außergerichtlichen Zahlungsvergleich das Insolvenzverfahren mit all seinen zusätzlichen Kosten und Nachteilen vermieden und eine „friedliche" und für alle Beteiligten tragfähige Regelung getroffen werden kann.

Allerdings gehen die Möglichkeiten und Vorteile der Vermeidung des Insolvenzverfahrens im Beraterealltag oft etwas unter. In der Folge bestehen die meisten außergerichtlichen Zahlungsvergleiche aus Standardtexten ohne echten Inhalt und Wert für die Gläubiger, denen dann quasi gar nichts anderes übrig bleibt, als den Plan abzulehnen.

In der Praxis liegt das oft nicht nur an der Menge der zu bearbeitenden Fälle, die standardisierte Schreiben notwendig machen, sondern natürlich auch daran, dass viele verschuldete Menschen schlichtweg gar nichts mehr anzubieten haben.

Alle Vermögenswerte, die noch irgendwie zu „flüssigem" Geld zu machen waren, sind oft aufgebraucht, niemand aus dem Familien- oder Freundeskreis ist mehr bereit oder in der Lage, einen Regulierungsbetrag zur Verfügung zu stellen.

Gerade deshalb ist es wichtig, sich frühzeitig die Situation einzugestehen und Überblick zu gewinnen!

Oftmals hätten im Vorfeld noch mehr Möglichkeiten bestanden, wären Verwandte bereit gewesen, einen Betrag zu leihen, wenn dieser nicht nur bei einem Gläubiger den berühmten „Tropfen auf dem heißen Stein" darstellt, sondern eine Regulierung mit allen ermöglicht.

Statistisch sind ca. 10 – 17% aller erfassten außergerichtlichen Schuldenbereinigungsversuche erfolgreich. Dies variiert etwas von Bundesland zu Bundesland und in den einzelnen Regionen.

Diese Erfolgsstatistik betrifft außergerichtliche Zahlungsvergleiche, die sich an den gesetzlichen Rahmenvorgaben des Insolvenzverfahrens orientieren.

Man kann die Erfolgsaussichten durch konkrete und ehrliche Angaben und einen für die Gläubiger leicht zu lesenden, nachvollziehbaren Plan sogar deutlich erhöhen!

Die außergerichtliche Einigung ist der kürzeste und „freundlichste" Weg zur Schuldenfreiheit! Wenn dir also an dem Erfolg des Plans gelegen ist, heb dich ab von all den tausenden täglich verschickten Bittbriefen und 08/15-Schuldenbereinigungs-Plänen!

Das bedeutet konkret:

- beschreibe deine Lebenssituation persönlich und wahrheitsgemäß,
- benenne die Ursachen der Schulden und wie nach derzeitigem Stand der Dinge deine beruflichen und finanziellen Perspektiven sind.

- Gerade wenn du unverschuldet in die Situation gekommen bist und das darlegen kannst, wird die Bereitschaft deiner Gläubiger zu einem (Teil-)Verzicht größer sein!

Wenn der angebotene Vergleich deine besondere Situation verdeutlicht und den Gläubigern transparent gemacht wird, ist er tatsächlich oft erfolgreich!

Wichtig ist auch, jedem Gläubiger ganz deutlich vor Augen zu führen, warum er mit diesem Vorschlag besser dasteht als mit dem ansonsten vielleicht unvermeidlichen Insolvenzverfahren.

Ich gebe dir jetzt **zwei verschiedene Musterschreiben** eines außergerichtlichen Vergleichs an die Hand, der erste basiert auf einer **Einmalzahlung**, der andere auf einem **Mehrjahresplan**.

Welche der beiden Möglichkeiten für dich die bessere ist, kannst nur du anhand deiner aktuellen Möglichkeiten entscheiden.

Bei einem Plan über mehrere Jahre musst du aber immer realistisch einschätzen, ob du ihn wirklich erfüllen kannst:

- Sind dir auch im Krankheitsfall oder eintretender Arbeitslosigkeit Ratenzahlungen möglich?
- Wer kontrolliert deine Zahlungen und verteilt das Geld pünktlich an alle Gläubiger? (Was kostet dich das zusätzlich?)
- Welche Regelungen treten zugunsten der Gläubiger in Kraft, wenn du dich nicht an den Plan hältst?

Musterschreiben an die Gläubiger – **Unterbreitung eines Einigungsvorschlags auf Basis einer Einmalzahlung** -:

Abs.: Beate Ohnemoos
Neustraße 3
12345 Sorgenstadt

Anna-Versand GmbH
Parkettstraße 1-99
56789 Oberburg

Sorgenstadt, den 30.05.2014

Ihr Zeichen: Rg. 99-100-123456
Warenlieferungen

Sehr geehrte Damen und Herren,

vielen Dank für Ihre Rückmeldung auf mein Schreiben vom 15.05.2014.
Mit Ihrer Hilfe und den Angaben der anderen Beteiligten konnte ich mir einen vollständigen Überblick über alle bestehenden Verbindlichkeiten verschaffen und möchte Ihnen nun einen konkreten Vorschlag zur Regulierung unterbreiten.

Mir ist bewusst, dass Sie täglich viele solcher Vorschläge, Gesuche um Stundung etc. erhalten. Ich bitte Sie dennoch, mein Angebot aufmerksam und wohlwollend zu prüfen, da mir an einer Einigung ernsthaft gelegen ist und ich auch weitere Nachteile für Sie und die anderen Gläubiger vermeiden möchte.

Meine persönliche und wirtschaftliche Situation stellt sich aktuell wie folgt dar:

Ich bin 37 Jahre alt, geschieden und alleinerziehende Mutter zweier minderjähriger Kinder: Silvie Ohnemoos, geb. 25.08.2006, und Ole Ohnemoos, geb. 03.11.2008.
Ich bin gelernte Bürokauffrau, war in den letzten Jahren zunächst Hausfrau und dann zeitweise geringfügig beschäftigt, wie es die Betreuungssituation für meine Kinder zuließ. Seit Anfang 2013 war ich arbeitssuchend gemeldet und habe nun nach vielen Bewerbungen seit 01.03.2014 eine neue Arbeitsstelle als Logistik-Mitarbeiterin gefunden. Mein Arbeitseinkommen beläuft sich regelmäßig auf rund 1.400,00 € netto. Daneben beziehe ich Kindergeld für meine beiden Kinder, mit denen ich in einer bescheidenen Mietwohnung (3 Zimmer, rund 70 qm) wohne.

Ich besitze keine Vermögenswerte: es ist kein Grundbesitz vorhanden, Sparguthaben besteht ebenfalls nicht. Mein Girokonto wird als P-Konto geführt und weist ebenfalls kein Guthaben aus. Für den Weg zur Arbeit und Fahrten zur Schule /Arzt etc. habe ich einen PKW gebraucht gekauft: Renault Twingo, Baujahr 2003.
Ich besitze darüber hinaus keine Vermögenswerte oder Gegenstände von besonderem Wert.

Die bestehenden Verbindlichkeiten sind vor allem in der Zeit nach der Trennung von meinem Ehemann entstanden. Durch den Wegfall des zweiten Einkommens und zunächst unregelmäßige Unterhaltszahlungen meines geschiedenen Ehemannes konnte ich diversen laufenden Zahlungsverpflichtungen nicht nachkommen. Zunächst habe ich versucht, dies mit einem Kredit bei meiner Hausbank und einem Bauspardarlehen abzufangen, habe aber leider zu späte gemerkt, dass mit meinem Einkommen die laufenden Kosten und Tilgungen der Kredite nicht wirklich zu leisten sind. Durch die weiteren Kosten und Zinsen und verschiedene Vollstreckungsmaßnahmen einzelner Gläubiger wurde die Situation für mich immer weniger kontrollierbar.

Meine Gesamtverbindlichkeiten belaufen sich auf 36.563,95 € bei 9 Gläubigern.
Ihr Anteil in Höhe von 835,40 € stellt also einen Anteil in Höhe von 2,28 % dar.

Ich habe die Zusage eines Freundes / Verwandten / Dritten erhalten, mir einen Betrag in Höhe von insgesamt 4.000,00 € ausschließlich zum Zweck eines außergerichtlichen Zahlungsvergleichs zur Verfügung zu stellen.

Dieser Betrag soll nach den prozentualen Anteilen der einzelnen Gläubigerforderungen an meinen Gesamtverbindlichkeiten ausgezahlt werden.
Ausweislich des beigefügten Zahlungsplans betrüge Ihr Anteil einen Betrag in Höhe von 91,39 €. Die Gesamtregulierungsquote beträgt **10,939 %!**

Die Auszahlung steht allerdings unter der Bedingung, dass alle Gläubiger
- der Einigung und Auszahlung zustimmen;
- auf weitergehende Forderungen ausdrücklich verzichten;
- im Anschluss an die erfolgte Zahlung die vorliegenden Zahlungstitel an mich herausgeben und
- einer Löschung aus allen Schuldnerverzeichnissen zuzustimmen.

Sofern ein Gläubiger seine Zustimmung zu den genannten Bedingungen verweigert, ist diese vergleichsweise Einigung leider gescheitert. Das Zahlungsangebot wird hinfällig und es kann keine Zahlung erfolgen.
In diesem Fall sehe ich keine andere Möglichkeit, als einen Antrag auf Eröffnung des Insolvenzverfahrens zu stellen. Mit Blick auf mein Einkommen und meine Unterhaltspflichten fallen kein pfändbare Beträge an, so dass **im Falle der Durchführung des Insolvenzverfahrens** für die Gläubiger absehbar **keinerlei Zahlung** zu erwarten wäre.

Genau dies möchte ich gerne vermeiden und daher ist mir an einer Einigung und insbesondere einer Zahlung an meine Gläubiger sehr gelegen!
Bitte prüfen Sie meinen Zahlungsvorschlag daher wohlwollend und senden mir Ihre Stellungnahme bis zum 20.06.2014, damit für alle Beteiligten schnell Sicherheit über den weiteren Ablauf geschaffen werden kann.

Kommt der Zahlungsvergleich mit allen Gläubigern zustande, sage ich die entsprechende Zahlung bis spätestens 15.07.2014 zu!

Mit freundlichen Grüßen

Beate Ohnemoos

Musterschreiben an die Gläubiger – **Unterbreitung eines Einigungsvorschlags auf Basis eines Mehrjahresplans** -:

Abs.: Beate Ohnemoos
Neustraße 3
12345 Sorgenstadt

Anna-Versand GmbH
Parkettstraße 1-99
56789 Oberburg

Sorgenstadt, den 30.05.2014

Ihr Zeichen: Rg. 99-100-123456
Warenlieferungen

Sehr geehrte Damen und Herren,

vielen Dank für Ihre Rückmeldung auf mein Schreiben vom 15.05.2014.
Mit Ihrer Hilfe und den Angaben der anderen Beteiligten konnte ich mir einen vollständigen Überblick über alle bestehenden Verbindlichkeiten verschaffen und möchte Ihnen nun einen konkreten Vorschlag zur Regulierung unterbreiten.

Mir ist bewusst, dass Sie täglich viele solcher Vorschläge, Gesuche um Stundung etc. erhalten. Ich bitte Sie dennoch, mein Angebot aufmerksam und wohlwollend zu prüfen, da mir an einer Einigung ernsthaft gelegen ist und ich auch weitere Nachteile für Sie und die anderen Gläubiger vermeiden möchte.

Meine persönliche und wirtschaftliche Situation stellt sich aktuell wie folgt dar:

Ich bin 37 Jahre alt, geschieden und alleinerziehende Mutter zweier minderjähriger Kinder: Silvie Ohnemoos, geb. 25.08.2006, und Ole Ohnemoos, geb. 03.11.2008.
Ich bin gelernte Bürokauffrau, war in den letzten Jahren zunächst Hausfrau und dann zeitweise geringfügig beschäftigt, wie es die Betreuungssituation für meine Kinder zuließ. Seit Anfang 2013 war ich arbeitssuchend gemeldet und habe nun nach vielen Bewerbungen seit 01.03.2014 eine neue Arbeitsstelle als Logistik-Mitarbeiterin gefunden. Mein Arbeitseinkommen beläuft sich regelmäßig auf rund 1.400,00 € netto. Daneben beziehe ich Kindergeld für meine beiden Kinder, mit denen ich in einer bescheidenen Mietwohnung (3 Zimmer, rund 70 qm) wohne.

Ich besitze keine Vermögenswerte: es ist kein Grundbesitz vorhanden, Sparguthaben besteht ebenfalls nicht. Mein Girokonto wird als P-Konto geführt und weist ebenfalls kein Guthaben aus. Für den Weg zur Arbeit und Fahrten zur Schule /Arzt etc. habe ich einen PKW gebraucht gekauft: Renault Twingo, Baujahr 2003.
Ich besitze darüber hinaus keine Vermögenswerte oder Gegenstände von besonderem Wert.

Die bestehenden Verbindlichkeiten sind vor allem in der Zeit nach der Trennung von meinem Ehemann entstanden. Durch den Wegfall des zweiten Einkommens und zunächst unregelmäßige Unterhaltszahlungen meines geschiedenen Ehemannes konnte ich diversen laufenden Zahlungsverpflichtungen nicht nachkommen. Zunächst habe ich versucht, dies mit einem Kredit bei meiner Hausbank und einem Bauspardarlehen abzufangen, habe aber leider zu späte gemerkt, dass mit meinem Einkommen die laufenden Kosten und Tilgungen der Kredite nicht wirklich zu leisten sind. Durch die weiteren Kosten und Zinsen und verschiedene Vollstreckungsmaßnahmen einzelner Gläubiger wurde die Situation für mich immer weniger kontrollierbar.

Meine Gesamtverbindlichkeiten belaufen sich auf 36.563,95 € bei 9 Gläubigern.
Ihr Anteil in Höhe von 835,40 € stellt also einen Anteil in Höhe von 2,28 % dar.

Ich möchte diese Verbindlichkeiten gerne aus eigener Kraft ordnen und zumindest teilweise begleichen. Ich weiß, dass meine Gläubiger bei mir nichts pfänden können, bin aber gewillt,
- **jeden Monat einen Betrag in Höhe von 60,00 € zur Zahlung an alle Gläubiger** aus meinem pfändungsfreien Einkommen zu sparen und zur Verfügung zu stellen. Dieser Betrag stellt für mich mit Blick auf meine Einkommensverhältnisse und alle laufenden Lebenshaltungskosten eine große Belastung dar, die ich aber in Kauf nehme, um eine Schuldenregulierung zu erreichen.
Der Betrag wird von mir über einen **Zeitraum von 72 Monaten** (in Anlehnung an die Regellaufzeit eines Insolvenzverfahrens) an einen Treuhänder gezahlt, der
- **einmal jährlich** (also insgesamt 6 Mal) **die entsprechende Auszahlung an alle Gläubiger** nach dem jeweiligen Anteil der Forderungen am Gesamtbetrag vornimmt. Diese Regelung ist vorgesehen, um unnötig häufigen Buchungsaufwand und die Auszahlung von Kleinst-Beträgen zu vermeiden.

Insgesamt beträgt der Betrag des Einigungsangebots also die Summe von **4.320,00 €, also eine Regulierungsquote von 11,813 %!**

Die gesamte Auszahlung steht unter der Bedingung, dass alle Gläubiger
- der Einigung und Auszahlungsweise zustimmen;
- auf weitergehende Forderungen ausdrücklich verzichten;
- während der Laufzeit keine Zwangsvollstreckungsmaßnahmen durchführen und
- im Anschluss an die letzte Zahlung nach 72 Monaten die vorliegenden Zahlungstitel an mich herausgeben sowie
- einer Löschung aus allen Schuldnerverzeichnissen zuzustimmen.

Sofern ein Gläubiger seine Zustimmung zu den genannten Bedingungen verweigert, ist diese vergleichsweise Einigung leider gescheitert. Das Zahlungsangebot wird hinfällig und es kann keine Zahlung erfolgen.
In diesem Fall sehe ich keine andere Möglichkeit, als einen Antrag auf Eröffnung des Insolvenzverfahrens zu stellen. Mit Blick auf mein Einkommen und meine Unterhaltspflichten fallen keine pfändbaren Beträge an, so dass **im Falle der Durchführung des Insolvenzverfahrens** für die Gläubiger absehbar **keinerlei Zahlung** zu erwarten wäre.

Genau dies möchte ich gerne vermeiden und daher ist mir an einer Einigung und insbesondere einer Zahlung an meine Gläubiger sehr gelegen!

Bitte prüfen Sie meinen Zahlungsvorschlag daher wohlwollend und senden mir Ihre Stellungnahme bis zum 20.06.2014, damit für alle Beteiligten schnell Sicherheit über den weiteren Ablauf geschaffen werden kann.

Kommt der Zahlungsvergleich mit allen Gläubigern zustande, sage ich die entsprechende Zahlung ab 15.07.2014 zu so dass die Laufzeit im Juli 2020 endet!

Mit freundlichen Grüßen

Beate Ohnemoos

Bitte beachte, dass dies wirklich nur Musterschreiben sind, deren Form du übernehmen kannst, dabei aber alle Details sorgfältig auf deine persönliche Situation anpassen musst!

Lass dich im Zweifel vor Versendung bei dir vor Ort fachkundig beraten!

Gerade in den Fällen, wo einzelne Gläubiger Sicherheiten (Bürgschaft, Lohnabtretung, Pfandrechte, etc.) haben, ist die Prüfung und Erarbeitung des Plans durch einen Schuldnerberater / Rechtsanwalt dringend zu raten.

Die Beratung hilft z.B. auch dabei, die Laufzeit und Höhe der Zahlungsraten individuell richtig einzuschätzen.

Ein Berater kann aus seiner Erfahrung heraus auch besser einschätzten, ob es z.B. sinnvoll ist, die Gläubiger- und Forderungsübersicht auch an alle Gläubiger zu schicken, damit diese ihre Postition besser einschätzen können. Das ist als „vertrauensbildende Maßnahme" oft von Vorteil, kann aber in konkreten Fällen auch nach hinten losgehen, wenn die Gläubiger sich zusammentun und massiv gegen dich vorgehen und dir das Leben schwer machen.

Falls deine Gläubiger auf den Einigungsvorschlag nicht innerhalb der gesetzten Frist reagieren, erinnere sie freundlich, damit die Regulierung abgeschlossen werden kann:

Musterschreiben an die Gläubiger – **Erinnerung Antwort auf den Einigungsvorschlag** -:

Abs.: Beate Ohnemoos
Neustraße 3
12345 Sorgenstadt

Anna-Versand GmbH
Parkettstraße 1-99
56789 Oberburg

Sorgenstadt, den 21.06.2014

Ihr Zeichen: Rg. 99-100-123456
Warenlieferungen
Mein Schreiben (Schuldenbereinigungsvorschlag) vom 30.05.2014

Sehr geehrte Damen und Herren,

auf mein o.g. Schreiben (nochmals in Kopie beigefügt) bin ich leider bislang ohne Antwort von Ihnen verblieben.
Ich bitte nochmals höflich um kurzfristige Stellungnahme.

Sofern ich bis zum 30.06.2014 wiederum keine Antwort erhalten habe, gehe ich davon aus, dass Sie der Einigung nicht zustimmen, so dass der Zahlungsvorschlag leider nicht umgesetzt werden kann.

Mit freundlichen Grüßen

Beate Ohnemoos

Die beiden aufgezeigten Beispiele unterscheiden sich deutlich vom „Regelfall" der außergerichtlichen Schuldenbereinigung in der Beratungspraxis, wo oft rein gar nichts angeboten wird / angeboten werden kann.

In den Fällen, wo keinerlei Zahlung angeboten werden kann, ist die außergerichtliche Schuldenbereinigung wirklich nur der „lästige" Teil vor dem unausweichlichen Insolvenzverfahren Verfahren. Dann wird sie nur durchgeführt, weil sie bislang gesetzlich vorgeschrieben ist.

Änderung seit 01.07.2014: ab diesem Zeitpunkt kann von staatlich anerkannten Stellen auch eine Bescheinigung über die Aussichtslosigkeit einer außergerichtlichen Schuldenbereinigung erteilt und sofort ein Antrag auf Eröffnung des Insolvenzverfahrens werden.

Falls dir also die Aufbringung von Mitteln für den Einigungsvorschlag also – zumindest zum jetzigen Zeitpunkt nicht möglich ist -, kannst du dich also an die Schuldnerberatungsstellen wenden und ohne außergerichtlichen Einigungsversuch ein Insolvenzverfahren beantragen.

Die weiteren in diesem Buch vorgestellten Möglichkeiten der Abkürzung zur Schuldenfreiheit kommen dann ja immer noch in Frage!

Dies alles will gut überlegt sein.

Suche gründlich nach (selbstverständliche legalen!) Möglichkeiten, zumindest einen kleinen Geldbetrag anbieten zu können und unterschätze dabei nie die Möglichkeiten, dir ohne Insolvenzverfahren deine wirtschaftliche Freiheit / Handlungsfähigkeit zu bewahren.

An dieser Stelle muss ich allerdings aus meiner Beratungs-Erfahrung deutlich davor warnen, für die Schuldenregulierung einen Kredit aufzunehmen!

Oft greifen Betroffene zu jedem „rettenden Strohhalm", insbesondere wenn er in Form von Werbung für *„schufafreie Sofortkredite"* daher kommt. In nicht wenigen Fällen sind die Betroffenen durch einen entsprechenden Kreditantrag endgültig in die Schuldenfalle getappt:

- Manchmal werden die Kredite nicht ausgezahlt, aber trotzdem hohe Bearbeitungsgebühren gefordert.

- Manchmal sind die Zinsen und Kosten für die Kreditaufnahme völlig unverhältnismäßig und zwingen einen nach kurzer Zeit endgültig in die Knie.

- Und manchmal ist auch schlichtweg die Verlockung zu groß, endlich mal wieder einen größeren Geldbetrag zur Verfügung zu haben und es werden Ausgaben getätigt, die mit der Schuldenbereinigung rein gar nichts zu tun haben.

Eine Schuldenregulierung durch Kreditaufnahme ist daher nur dann sinnvoll, wenn (mit Hilfe von Dritten) faire Bedingungen ausgehandelt werden und das Geld möglichst treuhänderisch verwaltet wird. Und wenn zugleich gesichert ist, dass mit dem

Betrag eine Regulierung tatsächlich erfolgen kann und die Rückzahlung des Kredits auch mit geringen Mitteln realisiert werden kann.

Der Regulierungsbetrag kann im Fall des Gelingens der außergerichtlichen Einigung vollständig zur Zahlung an die Gläubiger gelangen. Im Falle der Eröffnung des Insolvenzverfahrens fallen dagegen zusätzlich mindestens 1.500,00 € Verfahrenskosten an.

Dieses Geld ist natürlich als Teilbetrag des Vergleichsangebots deutlich besser investiert!

Die Vorteile der außergerichtlichen Einigung durch Zahlungsvergleich sind also klar:

- einvernehmliche Lösung mit Gläubigern, die dann z.B. auch eher wieder für neue Verträge o.ä. offen sind;
- sauberer „Schnitt" ohne weiteren Aufwand an Zeit und Kosten;
- keine Einschränkungen deiner wirtschaftlichen Handlungsfreiheit;
- keine Verfahrenskosten (Gerichtskosten, Kosten für den Insolvenzverwalter/Treuhänder) für das Insolvenzverfahren;
- keine Aufsicht durch Insolvenzgericht / Treuhänder;
- Möglichkeit der kurzfristigen Bereinigung der Einträge in Schufa / Schuldnerkarteien.

Kommt die Einigung mit deinen Gläubigern außergerichtlich zustande, sind die Rechtsfolgen gesetzlich klar definiert:

Der von allen Gläubigern angenommene außergerichtliche Schuldenbereinigungsplan hat die Wirkung eines außergerichtlichen Vergleichs gem. §779 Abs. 1 BGB.

Dieser Vergleich wirkt immer nur zwischen den Beteiligten, die sich tatsächlich geeinigt haben. Eine pauschale „Restschuldbefreiung" tritt also nicht ein. Hast du also Gläubiger vergessen oder treten neue hinzu, muss für diese wiederum eine eigenständige Regelung erfolgen.

Der sog. Sanierungsvergleich, also der Vergleich, mit dem du eine Schuldenbereinigung anstrebst, beinhaltet normalerweise ein Zahlungsangebot von dir, das einen Teilbetrag der tatsächlichen Verbindlichkeiten darstellt auf der einen Seite und einen Verzicht deiner Gläubiger auf die weiteren Forderungen auf der anderen Seite.

Der Vergleich kann unwirksam werden, wenn du z.B. deine Gläubiger über deine tatsächlichen wirtschaftlichen Verhältnisse täuschst. Es ist also wichtig, dass deine Angaben stimmen und du der Vergleich sorgfältig formuliert wird.

Erfüllst du den Vergleich nicht, können die Gläubiger wieder gerichtlich und mit titulierten Forderungen auch mit Zwangsvollstreckungsmaßnahmen gegen dich Vorgehen.

Normalerweise sind Gläubiger auch nur zu einem Vergleich bereit, wenn im Plan sog. Wiederauflebens- und Verfallklauseln enthalten sind, damit sie durch geschicktes Taktieren deinerseits nicht ihre Forderungen verlieren.

Es ist also nicht unbedingt ratsam, deinen Gläubigern jetzt z.B. nur einen kleinen Betrag anzubieten, wenn du genau weißt, dass du z.B. kurzfristig über ein deutlich verbessertes Einkommen verfügen wirst.

Lassen sich deine Gläubiger nämlich nur auf den Vergleich ein, weil du ihnen eine falsche Gesamtlage vorgegaukelt hast, kann der Vergleich angefochten/widerrufen werden und dir droht eventuell vielleicht sogar ein Strafverfahren wegen Betrugs!

Die **Erfolgsaussicht und Höhe des notwendigen Angebots** hängt immer von verschiedenen Faktoren ab, z.B.:

- Struktur der Forderungen,
- bisheriger Verlauf der Kommunikation und Zahlung,
- davon, ob du dich an bisherige Vereinbarungen gehalten hast und
- ob bereits Zwangsvollstreckungsmaßnahmen erfolglos waren.

Deine Motivationslage ist klar, aber du musst auch die der Gläubiger beachten.
Manche Gläubiger lehnen leider Einigungsvorschläge ab, obwohl sie auch für sie selbst vorteilhaft wären.
Dies kann persönliche Gründe haben (z.B. Schulden bei Ex-Partner, Freunden, Arbeitgebern, die „sauer“ sind über dein Verhalten) oder auch prinzipielle (grundsätzlich nur Anerkennung gerichtlicher Verfahren).

Hast du aber deinen Einigungsvorschlag sorgfältig und ehrlich unterbreitet und alle Gläubiger haben zugestimmt, hast du es aus eigener Kraft geschafft und kannst schuldenfrei in deine Zukunft starten!

Musterschreiben an die Gläubiger – **Anforderung Zustimmungserklärung Löschung Schuldeneintrag** -:

Abs.: Beate Ohnemoos
Neustraße 3
12345 Sorgenstadt

Anna-Versand GmbH
Parkettstraße 1-99
56789 Oberburg

Sorgenstadt, den 15.08.2014

Ihr Zeichen: Rg. 99-100-123456
Warenlieferungen

Sehr geehrte Damen und Herren,

nachdem erfreulicherweise alle Gläubiger meinem Zahlungsvergleich vom 30.05.2014 zugestimmt hatten und die entsprechenden Zahlungen inzwischen an alle erfolgt sind, bitte ich abschließend um

- Bestätigung der vollständigen Zahlung (nach meiner Teilzahlung und Ihrem Teilverzicht)
- Zustimmung zur Löschung der Einträge in der Schuldnerkartei sowie
- falls vorhanden: Aushändigung aller der Forderung zugrunde liegender Titel im Original.

Vielen Dank für Ihre Mithilfe!

Mit freundlichen Grüßen

Beate Ohnemoos

Wenn zuvor Daten von dir im Schuldnerverzeichnis eingetragen wurden, z.B. aufgrund von

- Zwangsvollstreckungsmaßnahme deiner Gläubiger,
- Abgabe der eidesstattlichen Versicherung / Vermögensauskunft
- früher ergangener Haftbefehl zur Erzwingung von Auskünften, etc.

kannst du diese nun nach Einigung mit den Gläubigern löschen lassen!

Musterschreiben an das Vollstreckungsgericht – **Antrag auf Löschungsbescheid** -:

Abs.: Beate Ohnemoos
Neustraße 3
12345 Sorgenstadt

Amtsgericht
- Vollstreckungsgericht –
Wilhelmstraße 1
12345 Sorgenstadt

Sorgenstadt, den 30.08.2014

Löschung Einträge Schuldnerkartei

Sehr geehrte Damen und Herren,

ich habe mich mit meinen Gläubigern im Wege eines Zahlungsvergleichs geeinigt und die Verbindlichkeiten durch die entsprechende Zahlung inzwischen erledigt.
Die entsprechenden Schreiben der Gläubiger mit der Bestätigung über die Zahlung und Zustimmung zur Löschung sind in Kopie beigefügt.
Ich bitte daher um Löschung meiner Daten aus der Schuldnerkartei und Ausstellung eines Löschungsbescheids, damit ich auch die Löschung bei der Schufa beantragen kann.

Mit freundlichen Grüßen

Beate Ohnemoos

Oft sind aufgrund deiner Verbindlichkeiten auch bei der SCHUFA negative Daten über dich gespeichtert. Die Schufa speichert über jeden wirtschaftlich aktiven Menschen (sprich: Versandhandel-Käufer, Mobilfunk-Nutzer, Bankkonto- oder Kreditkarten-Inhaber, etc.) Daten.

Das sind grundsätzlich immer die Basisdaten >Name, Geburtsdatum, Anschrift(en) und die entsprechenden Vertragspartner< .

Hinzu kommen dann negative Informationen wie offene, fruchtlos angemahnte und unbestrittene Forderungen sowie die Abgabe der Eidesstattlichen Versicherung / Vermögensauskunft, wenn du Verträge nicht erfüllst.

Diese wiederum unterscheiden sich in sog. **„weiche und harte Negativmerkmale"**:

Bei den sog. weichen Merkmalen handel es sich um grundsätzliche Angaben zur Kreditwürdigkeit / Bonität einer Person. Sie können auch einseitig von den Gläubigern veranlasst werden (z.B. durch Beantragung eines Mahnbescheids, Klageerhebung, allgemeine Meldung über eine Störung in der Vertragsabwicklung.

Die weichen Merkmale können auf deinen Antrag hin unter bestimmten Bedingungen gelöscht werden, so dass du deine wirtschaftliche Weste relativ schnell wieder „weiß waschen" kannst.

Harte Negativmerkmale sind erwiesene Kennzeichen über deine fehlende Zahlungskraft wie z.B. gerichtliche Urteile, Abgabe der eidesstattlichen Versicherung / Vermögensauskunft, Zwangsvollstreckungsmaßnahmen, Eröffnung des Insolvenzverfahrens.

Diese harten Merkmale werden, auch wenn sie erledigt sind, mindestens 3 Jahre lang gespeichert und sind für potentielle Vertragspartner sichtbar.

Harte Negativmerkmale wirken natürlich abschreckend und erschweren deinen wirtschaftlichen Neubeginn genauso wie viele kleine Alltagsverträge.

Gerade hierin liegt also auch der Vorteil der außergerichlichen Schuldenbereinigung und Löschungsbewilligung der Gläubiger.

Musterschreiben an die SCHUFA – **Antrag auf Löschung** -:

Abs.: Beate Ohnemoos
Neustraße 3
12345 Sorgenstadt

SCHUFA Holding AG
Privatkunden ServiceCenter
Postfach 103441
50474 Köln

Sorgenstadt, den 30.09.2014

Löschung Einträge

Sehr geehrte Damen und Herren,

ich habe mich mit meinen Gläubigern im Wege eines Zahlungsvergleichs geeinigt und die Verbindlichkeiten durch die entsprechende Zahlung inzwischen erledigt.
Die entsprechenden Schreiben der Gläubiger mit der Bestätigung über die Zahlung und Zustimmung zur Löschung sind in Kopie ebenso beigefügt wie der Löschungsbescheid des Vollstreckungsgerichts.
Ich bitte daher um Löschung aller entsprechenden Negativ-Einträge aus Ihrer Datei.

Mit freundlichen Grüßen

Beate Ohnemoos

Checkliste:

1. Was musst du tun, um diese Möglichkeit zu nutzen?

- alle Gläubigerunterlagen sortieren;

- alle Gläubiger anschreiben;

- eine vollständige Übersicht aller Gläubiger und der jeweiligen Forderungshöhe erstellen;

- Zahlungs-Angebot machen;

- Einigung mit allen Gläubigern erzielen

2. Was ist die Rechtsfolge
zivilrechtlicher Vergleich, nicht vollstreckungsfähig, betrifft nur die beteiligten Gläubiger

3. Was kostet dich diese Regelung insgesamt?
Einigungsbetrag (+ ggf. Gebühren Berater)

4. Wenn erfolgreich, was noch zu veranlassen?

- Vergleich erfüllen
- Titelherausgabe + Erledigungserklärung durch Gläubiger
- Erledigungsvermerk / Löschung SCHUFA + Schuldnerkartei

Möglichkeit 2: gerichtlicher Schuldenbereinigungsplan

Scheitert eine außergerichtliche Schuldenbereinigung und willst du daher einen gerichtlichen Schuldenbereinigungsplan durchsetzen erfolgt dies meist auf Grundlage des außergerichtlichen Plans und der entsprechenden Abstimmungsergebnisse der Gläubiger.

So könnte z.B. ein gescheiterter außergerichtlicher Einigungsversuch von Beate Ohnemoos aussehen:

Nr.	Gläubiger	Vertreter	Grund der Forderung	Summe aller Forderungen	Angebot Quote: 10,939%	Abstimmungs -ergebnis
1	Ziel-Bank AG Harry-Wijnford-Platz 1 98765 Lustighafen	-	Konsumenten-Darlehen	9.837,95 €	1.076,24 €	Zustimmung
2	Tolle Hütte Bauspar AG Unter der Eiche 2 43256 Ohnegleichen	-	Bauspar-Darlehen	7.325,00 €	801,34 €	Zustimmung
3	Anna-Versand GmbH Parkettstraße 1-99 56789 Oberburg	Oberburg Inkasso Fährtenweg 1 56789 Oberburg	Waren-Lieferung	835,40 €	91,39 €	keine Antwort
4	Herr Theo Unbesorgt Alte Allee 88 12345 Sorgenstadt	-	Privat-Darlehen	4.000,00 €	437,59 €	Zustimmung
5	Superphone GmbH Lange Leitung 3 69875 Funkloch	-	Telekommuni-kations-Leistung	1.387,66 €	151,81 €	Zustimmung
6	Saft-Kraft-Energie AG Tief im Westen 10 75689 Kernschmelz	Rechtsanwälte Mau Flaute 9 75689 Kernschmelz	Energie-Lieferung (Strom+Gas)	451,39 €	49,38 €	Zustimmung
7	Sparkasse Sorgenstadt Schöne Aussicht 1 12345 Sorgenstadt	Soft Inkasso GmbH Blaue Meile 8 12345 Sorgenstadt	Verbraucher-Kredit	10.891,33 €	1.191,48 €	Ablehnung
8	Autohaus H. Blechle Rennstrecke 1 54321 Autostadt	Rechtsanwalt Laut Oberwasser 13 54321 Autostadt	Werkvertrag Fzg.-Reparatur	1.464,72 €	160,24 €	Zustimmung
9	Hans Grummel Villa Berg 1 12345 Sorgenstadt	-	Nebenkosten-Nachzahlung 2012	370,50 €	40,53 €	Ablehnung
				36.563,95 €	**4.000,00 €**	

Der gerichtliche Schuldenbereinigungsplan kann in der Regel inhaltlich gleichlautend sein wie der unter 1.) beschriebene außergerichtliche Zahlungsvergleich, d.h. es wird wieder alternativ (nach deinen Möglichkeiten) eine Einmalzahlung oder ein Mehrjahresplan angeboten.

Allerdings kann der gerichtliche Schuldenbereinigungsplan nicht von dir allein erstellt werden und ist auch an Formvorschriften gebunden.

Dies liegt daran, dass der gerichtliche Schuldenbereinigungsplan nur zusammen mit einem Antrag auf Eröffnung des Insolvenzverfahrens eingereicht werden kann. Leider ist er bislang nicht als alleinstehendes Mittel zur Schuldenregulierung vorgesehen.

Das bedeutet für dich, dass du spätestens jetzt die **Hilfe eines Rechtsanwalts oder einer staatlich anerkannten Schuldenberatungsstelle** in Anspruch nehmen musst, um die formellen Voraussetzungen für den gerichtlichen Schuldenbereinigungsplan und/oder die Eröffnung eines Insolvenzverfahrens zu erfüllen. Diese Beratungsstelle muss auch bestätigen, dass für dich eine außergerichtliche Bereinigung versucht wurde und gescheitert ist.

Dies hat den Hintergrund, dass die stark belasteten Gerichte nicht mit einem Sachverhalt im Verfahren behelligt werden sollen, der vielleicht auch ohne sie hätte geklärt werden können.

Der gerichtliche Schuldenbereinigungsplan muss außerdem – genau wie der Insolvenzantrag – auf bestimmten Formularen eingereicht werden, die die Beratungsstelle üblicherweise über eine eigens entwickelte Software erstellt. Das soll die Bearbeitung bei Gericht erleichtern und Bearbeitungszeiten abkürzen.

Wenn du also (möglichst erfolgreich) einen gerichtlichen Schuldenbereinigungsplan durchführen möchtest, muss für das Gericht sorgfältig dargelegt werden, warum er gute Aussichten auf Erfolg hat!

In der Praxis ist die Durchführung eines gerichtlichen Schuldenbereinigungsplans nämlich sowohl bei den Amtsgerichten als auch bei vielen Beratern und Betroffenen eher unbeliebt und passiert selten.

Dabei wird oft die Chance vertan, den Betroffenen aus dem formellen Insolvenzverfahren heraus zu halten und ihm damit seine wirtschaftliche Entscheidungsfreiheit zu bewahren.

Dies hat verschiedene Gründe:

Bei den Gerichten liegt dies einerseits daran, dass in der Vergangenheit auch viele (schlecht vorbereitete) gerichtliche Schuldenbereinigungspläne letztlich gescheitert sind und das Insolvenzverfahren dann doch eröffnet werden musste.

In diesen Fällen war das gerichtliche Schuldenbereinigungsverfahren also aus Sicht der Insolvenzgerichte unnötiger Extra-Aufwand und lästige Abweichung von Routine-Abläufen.

Ähnliches gilt auch für die Beratungsstellen. Wird das Insolvenzverfahren eröffnet, ist deren Arbeit erledigt und das Insolvenzgericht und der eingesetzte Insolvenzverwalter /Treuhänder übernehmen die Überwachung des ordnungsgemäßen Ablaufs. Wird jedoch das gerichtliche Schuldenbereinigungsverfahren erfolgreich durchgeführt, ist damit die Arbeit beim Insolvenzgericht erledigt und die anschließende Planüberwachung und Erfüllung muss vom Schuldner geleistet werden, der hierfür wiederum oft die Hilfe von den Beratungsstellen in Anspruch nimmt bzw. nehmen muss.

Für die Betroffenen stellt sich nämlich oft das Problem, dass ein zustande gekommener Plan auch zeitnah, vollständig und richtig umgesetzt werden muss.

Das ist bei der Regelung über eine Einmalzahlung noch recht einfach, aber sobald längere Zeiträume betroffen und kontinuierliche Zahlung sicher gestellt werden muss, wird es oft schwierig. Viele Schuldner haben selber nicht den Überblick und die Disziplin, den Plan über einen längeren Zeitraum richtig einzuhalten.

Dann benötigen sie wiederum Hilfe von Dritten, die z.B. die Zahlungen treuhänderisch verwalten und auszahlen. Hierfür fallen dann aber oft wiederum Gebühren an, die zusätzlich zu den planmäßigen Zahlungen aufgebracht werden müssen.

Daher muss möglichst schon im Vorfeld konkret geplant und vereinbart werden, wie, wann und durch wen die pünktlichen Zahlungen an die Gläubiger erfolgen.

Sobald du also

- mit Hilfe der Beratungsstelle den außergerichtlichen Einigungsversuch erfolglos durchgeführt hast,

- der Insolvenzantrag vollständig vorbereitet und

- die Einhaltung der Zahlungszusagen im gerichtlichen Plan sicher gestellt ist

Lass dir die Unterlagen vollständig aushändigen, um sie (möglichst persönlich) bei dem Insolvenzgericht einzureichen.

Hierfür kannst du folgendes Musterschreiben nutzen:

Musterschreiben an das Insolvenzgericht **„Insolvenzantrag und ausdrückliche Bitte um Durchführung des gerichtlichen Schuldenbereinigungsverfahrens"**

Abs.: Beate Ohnemoos
Hauptstraße 1
12345 Sorgenstadt

An das Amtsgericht
- Insolvenzgericht –
Wunderland

Sorgenstadt, den 15.07.2014

Antrag auf Eröffnung des Insolvenzverfahrens
und Durchführung des gerichtlichen Schuldenbereinigungsverfahrens

Sehr geehrte Damen und Herren,

beigefügt übersende ich den Antrag auf Eröffnung des Insolvenzverfahrens über mein Vermögen gem. §305ff InsO.
Die Erklärung über meine persönlichen Verhältnisse ist mit den entsprechenden Belegen im Antrag enthalten.

Der gerichtliche Schuldenbereinigungsplan liegt in 9facher Ausfertigung für die Zustellung an alle Gläubiger bei.
Ich bitte ausdrücklich um Durchführung des gerichtlichen Schuldenbereinigungsverfahrens, da außergerichtlich die Kopf- und Summenmehrheit erreicht wurde und die Schuldenregulierung nur an der Ablehnung von 2 Gläubigern gescheitert ist.
Mit freundlichen Grüßen

Beate Ohnemoos

Der gerichtliche Schuldenbereinigungsplan hat gegenüber dem außergerichtlichen Einigungsversuch einen ganz entscheidenden Vorteil: **das Insolvenzgericht kann die Zustimmung einzelner Gläubiger ersetzen,** wenn die Mehrheit der Gläubiger zugestimmt hat!

Anders als bei einem außergerichtlichen Vergleich kann also nicht ein einzelner Gläubiger die Regelung verhindern, indem er nicht reagiert oder (vielleicht aus persönlichen Gründen) einfach ablehnt.

Es gibt also 3 Möglichkeiten, wie das gerichtliche Schuldenbereinigungsverfahren ausgeht:

1. **Alle Gläubiger stimmen zu**

Dann kommt der gerichtliche Schuldenbereinigungsplan als sog. Prozessvergleich zustande. Beide Seiten (du und deine Gläubiger) haben nun Rechtssicherheit: hältst du dich an den Plan, tritt der Verzicht der Gläubiger auf die übrigen Forderungen in Kraft und du hast Vollstreckungsschutz.

Erfolgen die Zahlungen jedoch nicht oder nicht vollständig, können die Gläubiger aus dem Vergleich vollstrecken, ohne erst ein gerichtliches Verfahren durchführen zu müssen.

2. **Nicht alle Gläubiger stimmen zu, aber die Mehrheit (nach Anzahl oder Forderungshöhe)**

Dann kann das Gericht auf deinen Antrag hin die Zustimmung der ablehnenden Gläubiger ersetzen und der Plan kommt zustande wie unter 1.)

3. **Die Mehrheit der Gläubiger lehnt den Plan ab**

Das Insolvenzverfahren über dein Vermögen wird eröffnet und läuft mit dem Ziel der umfassenden Restschuldbefreiung.

Dann ist noch die Frage zu klären, ob du in der Lage bist, die Verfahrenskosten vorzulegen oder einen Antrag auf Verfahrenskosten stellen willst.

Bei Einleitung des Insolvenzverfahrens bist du grundsätzlich nicht verpflichtet, Rücklagen für die Verfahrenskosten zu bilden. Wenn du aber von den Möglichkeiten eines abgekürzten Verfahrens, die ich dir gleich aufzeige, profitieren willst, ist die möglichst frühe Zahlung der Verfahrenskosten sinnvoll.

Checkliste:

1. **Was musst du tun, um diese Möglichkeit zu nutzen?**

- Gläubigerunterlagen sortieren;
- alle Gläubiger anschreiben;
- vollständige Übersicht erstellen;
- Schuldnerberatungsstelle / Rechtsanwalt beauftragen;
- Angebot machen;
- Einigung mit allen Gläubigern versuchen;
- parallel Insolvenzantrag stellen;
- Zustimmung zum Plan durch die Gläubiger erhalten

2. **Was ist die Rechtsfolge**

gerichtlicher Vergleich, vollstreckungsfähig, betrifft nur die beteiligten Gläubiger

3. **Was kostet dich diese Regelung insgesamt?**

Einigungsbetrag (+ ggf. Gebühren Beratungsstelle / Rechtsanwalt)

4. **Wenn erfolgreich, was noch zu veranlassen?**

- Vergleich erfüllen
- Titelherausgabe + Erledigungserklärung durch Gläubiger
- Erledigungsvermerk / Löschung SCHUFA + Schuldnerkartei

Bevor ich die Möglichkeiten der Abkürzung nach Eröffnung des Insolvenzverfahrens einzeln erläutere, hier noch der Überblick über den allgemeinen Verfahrensablauf des Insolvenzverfahrens, damit du die verschiedenen Phasen des Verbraucherinsolvenzverfahrens und die entsprechenden Möglichkeiten zuordnen kannst:

So sieht generell der „Fahrplan" laut gesetzlichem Regelfall (bei Durchführung auch des gerichtlichen Schuldenbereinigungs-Versuchs) aus:

Verwertungsphase I **Wohlverhaltensphase**

Antrag-stellung	**Eröffnungs verfahren**	**eröffnetes Verfahren**	**Prüfungs-termin(e)**	**Schluss-termin**	**Restschuld-befreiungs-verfahren**	**Erteilung / Versagung der Restschuld-befreiung**

ca. 3-4 Wochen **-> ca. 4 – 9 Monate** **-> ab Eröffnung genau 6 Jahre**

Nach der Antragstellung folgt das Eröffnungsverfahren. In Verfahren, in denen kein gerichtlicher Schuldenbereinigungsplan durchgeführt wird, dauert dies je nach Gericht ca. 2 – 7 Tage, in denen dann nur die Vollständigkeit und formale Richtigkeit der Unterlagen geprüft wird.

Wird das gerichtliche Schuldenbereinigungsverfahren durchgeführt, dauert es entsprechend länger, ca. 3 – 4 Wochen, da allen Gläubigern der Plan zugestellt wird und diesen Zeit eingeräumt werden muss, zu reagieren.

Sind alle Unterlagen vollständig und entsprechen den gesetzlichen Vorgaben, wird das Insolvenzverfahren eröffnet, sobald der gerichtliche Schuldenbereinigungsplan scheitert oder wegen Aussichtslosigkeit erst gar nicht durchgeführt wird.

Die weiteren „Stationen" des eröffneten Insolvenzverfahrens sind dann **Prüfungstermin**(e), **Schlusstermin** sowie die weitere Laufzeit bis zur endgültigen Entscheidung über die Erteilung der Restschuldbefreiung (**Wohlverhaltensphase**).

Was viele Betroffene oft falsch einschätzen:

Obwohl das Insolvenzverfahren aufgrund des eigenen Antrags eröffnet wird, kann man es nicht einfach beenden, indem man den Antrag zurücknimmt!

Ist das Verfahren einmal eröffnet, steckt man zunächst einmal in den „Mühlen" des Gerichts und der Prozessordnung fest.

Nach der Eröffnung kommt man also tatsächlich nur unter den hier nachfolgend aufgezeigten Möglichkeiten früher aus dem Verfahren heraus (es sei denn, man legt es auf eine Versagung der Restschuldbefreiung an, aber das führt natürlich nicht zu einer Schuldenbereinigung!).

Bei allen nun folgenden Möglichkeiten sind daher grundsätzlich die zwei möglichen **verschiedenen Rechtsfolgen** zur Beendigung des Insolvenzverfahrens zu unterscheiden, die je nach konkreter Situation verschiedene Vor- oder Nachteile haben können:

1. Die **Einstellung des Verfahrens**

2. Die **vorzeitige Erteilung der Restschuldbefreiung**

Die **Einstellung des Verfahrens** beendet das Insolvenzverfahren ohne Erteilung der Restschuldbefreiung. Die Schuldenregulierung erfolgt also ausschließlich auf der mit den beteiligten Gläubigern getroffenen Vereinbarung. Der Vorteil liegt einerseits in der zeitnahen Beendigung des Verfahrens und sofortige Wiedererlangung des Verfügungsrechts über deine Vermögenswerte. Andererseits wird bei der Einstellung **kein sog. hartes Negativmerkmal** in Schufa und anderen Schuldnerkarteien eingetragen, deine Kreditwürdigkeit in der nächsten Zeit also nicht negativ beeinflusst.

Allerdings entfällt mit der Einstellung des Verfahrens auch sofort der Vollstreckungsschutz, so dass dir wieder die Zwangsvollstreckung droht, wenn du dich nicht an die Vereinbarung mit den Gläubigern hältst. Musst du später doch wieder in das Insolvenzverfahren, fallen zudem die Kosten doppelt an.

Die **vorzeitige Erteilung der Restschuldbefreiung** erledigt deine Verbindlichkeiten gegenüber allen Gläubigern, denen du vor Eröffnung des Insolvenzverfahrens Geld geschuldet hast. Diesen gegenüber besteht nun auch dauerhafter Vollstreckungsschutz.

Allerdings wird auch die Erteilung der Restschuldbefreiung bei der Schufa etc. eingetragen und erst nach Ablauf von 3 Jahren gelöscht. Dieses **harte Negativmerkmal** beeinträchtigt deine Bonität für mögliche neue Vertragspartner.

Außerdem dauert es meist einige Zeit, bis die Erteilung der Restschuldbefreiung erfolgt, da zunächst ein abschließender Bericht des Insolvenzverwalters / Treuhänders angefordert und die Stellungnahme aller Gläubiger zu möglichen Versagungsgründen eingeholt wird.

Hierdurch kann in Einzelfällen der angestrebte zeitliche Vorteil gegenüber dem Regelfall nahezu wegfallen.

Nach Erteilung (oder auch Versagung) der Restschuldbefreiung gelten zudem immer gesetzliche Sperrfristen, binnen derer du kein neues Insolvenzverfahren mehr beginnen kannst.

Bei allen vorgestellten Möglichkeiten sind also grundsätzlich immer drei Hauptaspekte zu vergleichen und abzuwägen:

1. aufzubringende Mittel inkl. Kosten

2. Zeitfaktor

3. Rechtsfolgen

Welche Möglichkeit dann in Frage kommt und die „günstigste" ist, kannst nur du entscheiden und hängt von den konkreten Umständen und Zielen ab.

B) Bis Ablauf der Anmeldefrist

Möglichkeit 3: Einstellung des Verfahrens mit Zustimmung aller Gläubiger, §213 Abs. 2 InsO

Bei Eröffnung des Insolvenzverfahrens bestimmt das Insolvenzgericht eine Frist, binnen der die Gläubiger ihre Forderungen zur Insolvenztabelle anmelden sollen.

Diese Frist spielt in der Praxis des Verfahrens oft keine besondere Rolle, da auch nach Ablauf der Frist eingegangene Forderungsanmeldungen bis zum Schlusstermin noch berücksichtigt werden.

Für die Möglichkeiten der Abkürzung des Insolvenzverfahrens stellt die Anmeldefrist jedoch eine formale Grenze dar.

Vor deren Ablauf kann das Verfahren nämlich nur mit Zustimmung aller beteiligter Gläubiger wieder eingestellt werden. Nach dem Ablauf der Anmeldefrist reicht unter Umständen die Zustimmung nur der Gläubiger, die ihre Forderungen zur Insolvenztabelle angemeldet haben (vgl. Möglichkeit 6.).

Grundsätzlich gilt: auch im eröffneten Insolvenzverfahren steht es dir weiterhin frei, (ggf. mit Hilfe eines Beraters) eine Einigung mit deinen Gläubigern zu erzielen.

Du kannst also auch parallel zum Verfahren neue Vergleichsverhandlungen mit den Gläubigern führen, allerdings nur auf Basis deines unpfändbaren Vermögens oder mit von Dritten zu diesem Zweck zur Verfügung gestellten Geldmitteln, da du ansonsten gegen deine Pflichten im Verfahren verstößt und hierdurch die Versagung der Restschuldbefreiung droht.

Wird nämlich erst einmal die Versagung der Restschuldbefreiung ausgesprochen, hast du hierdurch erhebliche Nachteile:

- die erneute Antragstellung auf Eröffnung des Insolvenzverfahrens ist erst nach Ablauf bestimmter Sperrfristen möglich;

- bei erneuter Antragstellung erhältst du wahrscheinlich keine Stundung der Verfahrenskosten mehr;

- du bleibst auf den (nicht unerheblichen) Kosten des Verfahrens sitzen, ohne hierdurch deine Schulden auch nur teilweise reduziert zu haben;

- deine Gläubiger sitzen dir dichter den je im Nacken, da sie im Verfahren weitergehende Informationen über deine persönlichen und wirtschaftlichen Verhältnisse erhalten haben.

Wiederum ist hier (vgl. 1.) eine **Einigung mit allen Gläubigern** notwendig, eine Zustimmungsersetzung durch das Insolvenzgericht für einzelne ablehnende Gläubiger kommt nicht in Frage.

Die Vergleichsverhandlungen stehen nach Eröffnung des Insolvenzverfahrens nun aber unter anderen Vorzeichen als vorher. Deine Chancen auf eine Einigung mit den Gläubigern sind nun erfahrungsgemäß deutlich gestiegen!

Aus Sicht der Gläubiger ist durch die Eröffnung des Insolvenzverfahrens nämlich zunächst der vollständige Forderungsausfall eingetreten.

Statistisch sind ab diesem Zeitpunkt die zu erwartenden Rückzahlungsquoten auf die Verbindlichkeiten gering bis nicht vorhanden.

In vielen Fällen steigt nun also die Verhandlungsbereitschaft der Gläubiger und man kann mit einem (im Verhältnis zur Gesamtverschuldung) kleinen Zahlbetrag möglicherweise eine Einigung erreichen, da die Gläubiger so immer noch deutlich mehr erhalten als bei Weiterführung des Insolvenzverfahrens.

Viele Gläubiger, die außerhalb des Insolvenzverfahrens eine Einigung noch kategorisch abgelehnt oder gar nicht reagiert haben, zeigen nun deutlich größeres Entgegenkommen.

Das kommt teilweise auch daher, dass bei manchen Gläubigern mit Insolvenzeröffnung der ausreichende Nachweis des Forderungsausfalls für entsprechende Ausfallversicherungen vorliegt und sie daher von dort Leistungen beanspruchen können. Andere Gläubiger wollen den Verlust nur „sauber ausbuchen", was durch den Beschluss über die Eröffnung des Insolvenzverfahrens nun ebenfalls möglich ist.

Und dann gibt es auch noch die Gläubiger, die per se deinen eigenen Angaben im Vorfeld des Insolvenzverfahren nicht geglaubt haben und nun der Auffassung sind, dass zumindest eine gewisse staatliche Kontrolle/Überprüfung stattgefunden hat und daher ihrem „Gerechtigkeitsempfinden" mehr Rechnung getragen wurde.

Wie dem auch sei: es ist einen weiteren Versuch wert, dich mit deinen Gläubigern zu einigen und schnell wieder wirtschaftlich unabhängiger zu werden!

Inhaltlich ist es im jetzigen Stadium sinnvoll, den Gläubigern wie <u>unter 1.)</u> beschrieben eine Einmalzahlung anzubieten.

Du kannst dich also an <u>dem dortigen Musterschreiben</u> orientieren.

Manchmal wirst du schon mit einem ersten Vorschlag erfolgreich sein, ein anderes Mal werden einzelne Gläubiger noch nachverhandeln wollen. Hierauf musst du dich einstellen.

Durch dein jetziges Zahlungsangebot erhalten die Gläubiger kurzfristig eine gegenüber dem Insolvenzverfahren verbesserte Zahlung und werden so am ehesten bereit sein, einer Einstellung des Insolvenzverfahrens zuzustimmen.

Es ist aber natürlich trotzdem denkbar, dass auch eine längerfristige Ratenzahlung zur Einigung führt (oder eine Mischform zwischen einem größeren Anfangsbetrag und weiteren Zahlungen zu einem späteren Zeitpunkt). Dies liegt daran, dass die Gläubiger so oder so keinen direkten Nachteil erleiden: wird das Verfahren eingestellt, können sie im Zweifel bei Ausbleiben der angekündigten Zahlungen wieder die Zwangsvollstreckung betreiben. Der teilweise Forderungsverzicht tritt ja erst bei vollständiger Einhaltung der Vereinbarung ein.

Ob und welche Einigung zustande kommt, hängt also letztlich von deinem Verhandlungsgeschick (oder dem deines Beraters) ab.

Hast du dich mit allen Gläubigern geeinigt und von allen auch die Zustimmung zur Einstellung des Insolvenzverfahrens erhalten, kannst du den Antrag auf Einstellung stellen.

Auf diese Weise kannst du also eine Einstellung des Insolvenzverfahrens schon nach wenigen Monaten Laufzeit erreichen!

Diese – vom Gesetzgeber eingeräumte, aber in der Praxis kaum umsetzbare - Möglichkeit erfordert allerdings ein sehr schnelles zielgerichtetes Verhandeln (gute Vorbereitung), da der Zeitraum zwischen Eröffnung und Anmeldefrist kurz ist.

Es wird in vielen Fällen ohne sehr akuten Handlungsbedarf leichter und sinnvoller sein, von der gleichgerichteten **Möglichkeit unter 6.)** Gebrauch zu machen.

Dies liegt einerseits daran, dass in der hier beschriebenen Möglichkeit das Gericht nach freiem Ermessen über die Einstellung entscheiden kann, während bei der Möglichkeit unter 6.) die Einstellung erfolgen muss, wenn die Voraussetzungen erfüllt sind.

Andererseits sorgen die Bearbeitungszeiten bei den Gerichten außerdem dafür, das zumeist vor einer Entscheidung die Anmeldefrist so oder so abgelaufen sein wird.

In der Praxis wird es daher in nahezu allen Fällen eher zu Möglichkeit 6.) kommen, aber der Vollständigkeit halber sollte hier auch auf die vom Gesetz vorgesehene Möglichkeit einer Einstellung vor Ablauf der Anmeldefrist an der chronologisch richtigen Stelle hingewiesen werden.

Checkliste:

1. **Was musst du tun, um diese Möglichkeit zu nutzen?**

- Sofort bei Eröffnung des Insolvenzverfahrens allen Gläubigern ein Regulierungsangebot machen,

- Einigung erzielen und

- Zustimmung zur Einstellung des Insolvenzverfahrens von allen Gläubigern erhalten

2. **Was ist die Rechtsfolge?**
zivilrechtlicher Vergleich, nicht vollstreckungsfähig

3. **Was kostet dich diese Regelung insgesamt?**
Einigungsbetrag + ggf. Gebühren RA,
Kosten des Insolvenzverfahrens,
Vergütung des Insolvenzverwalters / Treuhänders (ggf. reduziert, da keine Tabellenprüfung und Verwertung notwendig)

4. **Wenn erfolgreich, was noch zu veranlassen?**

- Vergleich erfüllen
- Titelherausgabe+Erledigungserklärung (Gl anschreiben)
- Erledigungsvermerk / Löschung SCHUFA + Schuldnerkartei

Möglichkeit 4: §212 InsO, Wegfall des Eröffnungsgrundes

Auch diese vom Gesetz vorgesehene Möglichkeit kommt in der Praxis nur selten zum Tragen, ist aber wichtig, um eine ansonsten bestehende Gesetzeslücke zu schließen.

Das Insolvenzverfahren wird auf Antrag des Betroffenen eingestellt, wenn der Insolvenzgrund (Zahlungsunfähigkeit) weggefallen ist, oder aber sogar nie bestanden hat.

Auf diese Weise sollen die Rechtsnachteile verhindert werden, die ein Schuldner erleidet, wenn z.B. ein Gläubiger den Insolvenzantrag gestellt hat, um Druck auszuüben, und das Gericht das Verfahren eröffnet hat, weil es – irrtümlich – vom Vorliegen des Eröffnungsgrundes ausgegangen ist.

Da ein einmal laufendes Insolvenzverfahren auch durch die Rücknahme des Eröffnungs-Antrags nicht beendet werden kann, hätte ein Schuldner, der nicht mehr zahlungsunfähig ist (oder es sogar nie war!) ansonsten keine Möglichkeit, kurzfristig seine Verfügungsrechte wiederzuerlangen.

Wichtig werden für den Betroffenen kann diese Einstellung des Verfahrens vor allem im Fall eines nach Insolvenzeröffnung eintretenden deutlichen Vermögenszuwachses, z.B. bei Anfall einer **Erbschaft,** die den vollständigen Ausgleich der bestehenden Verbindlichkeiten ermöglicht.

Zwar kann das Verfahren auch mit der Erbschaft regulär weiter geführt werden, indem der Insolvenzverwalter die Erbschaftsmasse verwertet und an die Gläubiger verteilt. Dies hat für den Betroffenen allerdings zwei erhebliche Nachteile:

1. Bis zum Verfahrensende dauert es noch geraume Zeit, in der man seine wirtschaftliche Entscheidungsfreiheit nicht wieder erlangt und über die neu gewonnen finanziellen Mittel nicht verfügen kann.

2. Der Insolvenzverwalter erhält einen erheblichen Teil der Erbschaftssumme als Vergütung.

Nach der insolvenzrechtlichen Vergütungsverordnung erhält nämlich der Insolvenzverwalter im Verbraucherinsolvenzverfahren 15% der sog. Insolvenzmasse (=sämtliches verwertbares Vermögen des Insolvenzschuldners) als Vergütung für seine Tätigkeit!

Will man also verhindern, dass der Insolvenzverwalter diesen Teil der Erbschaft als eigene Vergütung einbehält, während man selber noch gar nicht an das Geld heran kommt, kann dies über einen Einstellungsantrag wegen Wegfalls des Eröffnungsgrundes geschehen.

Voraussetzung ist, dass dem Gericht nachgewiesen wird, dass die Zahlungsunfähigkeit nie bestanden hat oder endgültig beseitigt wurde.

Musterschreiben an das Insolvenzgericht – **Einstellungsantrag mit Nachweis über den Wegfall des Insolvenzgrundes** -:

Abs.: Beate Ohnemoos
Neustraße 3
12345 Sorgenstadt

Insolvenzgericht Wunderland
...

Sorgenstadt, den 15.07.2014

Aktenzeichen 456 IK 123/13

Sehr geehrte Damen und Herren,

in o.g. Verfahren ist aktuell zu meinen Gunsten eine Erbschaft in Höhe von 100.00,00 € angefallen. Eine Kopie der Mitteilung des Nachlassgerichts Glücksburg inkl. Kopie des entsprechenden Testaments ist zur Kenntnisnahme beigefügt.
Der Verstorbene Hans Goldschatz war mein Patenonkel, zu dem ich seit längerem keinen Kontakt mehr hatte, der mir aber nun diese großzügige Geldsumme hinterlassen hat.
Ich habe die Annahme der Erbschaft erklärt.
Die Auszahlung soll nun gem. beigefügter Mitteilung des Testamentsvollstreckers kurzfristig erfolgen.
Die Summe übersteigt meine Gesamtverbindlichkeiten von 36.563,95 € deutlich, so dass meine Zahlungsunfähigkeit endgültig beseitigt ist.

Ich beantrage daher, das Insolvenzverfahren über mein Vermögen einzustellen.

Zugleich beantrage ich, bei Festsetzung der Vergütung des Insolvenzverwalters das Zurückbleiben hinter dem Regelsatz wegen vorzeitiger Beendigung des Insolvenzverfahrens.
Bei der Festsetzung der Vergütung beantrage außerdem, die zugrunde zu legende Teilungsmasse auf den Wert meiner Verbindlichkeiten zu beschränken, da eine anteilige Vergütung des Insolvenzverwalters aus der gesamten Nachlassmasse nicht zu vertreten ist. Insbesondere musste der Insolvenzverwalter hinsichtlich des Anfalls der Erbschaft, deren Verwertung und Verteilung keinerlei Tätigkeit entfalten.

Mit freundlichen Grüßen

Beate Ohnemoos

<u>Checkliste</u>:

1. Was musst du tun, um diese Möglichkeit zu nutzen?

Nachweisen, dass Zahlungsunfähigkeit nie bestanden hat oder durch neue Geldmittel beseitigt wurde

2. Was ist die Rechtsfolge?
Einstellung des Verfahrens

3. Was kostet dich diese Regelung insgesamt?
Ausgleich deiner Verbindlichkeiten
Kosten des Insolvenzverfahrens,
Vergütung des Treuhänders (ggf. reduziert, da keine Tabellenprüfung und Verwertung notwendig)

4. Wenn erfolgreich, was noch zu veranlassen?

- Verbindlichkeiten bezahlen
- Erledigungsvermerk / Löschung SCHUFA + Schuldnerkartei

C) Zwischen Anmeldefrist und Schlusstermin

Möglichkeit 5: Insolvenzplan gem. §§217 ff. InsO

Was bislang den sogenannten Regelinsolvenzverfahren (Unternehmen/Unternehmern) vorbehalten war, ist ab 1.7.2014 auch für Verbraucher möglich: die vom allgemeinen Insolvenzverfahren abweichende Gestaltung der Verwertung und Verteilung des Vermögens sowie der Haftung des Schuldners im Rahmen eines Insolvenzplans.

Form und Inhalt des Plans sind dabei vom Gesetz vorgegeben: der Insolvenzplan muss demnach aus einem sogenannten „darstellenden" und einem sogenannten „gestaltenden" Teil bestehen.
Dies bedeutet, dass ausführlich beschrieben werden muss, wie die aktuelle Vermögenslage ist und wie die Befriedigungsaussichten der Gläubiger im Insolvenzverfahren sind (Darstellung), um dann zusammenzufassen, wie die Situation durch den Plan anders geregelt werden soll (Gestaltung).

Wird der Insolvenzplan angenommen und durchgeführt, treten Insolvenzgericht und Insolvenzverwalter quasi in den Hintergrund und die Abwicklung erfolgt nach den Vorgaben, die der Betroffene erstellt hat.
Hierdurch gewinnt man Handlungsfreiheit, verzichtet zugleich aber auf die Erteilung einer umfassenden Restschuldbefreiung.

Die Möglichkeit des Insolvenzplans ist eine weitere Ausgestaltung der Gläubigerautonomie und Gestaltungsmöglichkeiten zwischen Schuldner und Gläubigern.

Der Insolvenzplan hat für viele Gläubiger eine größere Überzeugungskraft als ein „normaler" Vergleich, da sie hierbei mehr das Gefühl haben, dass noch eine gewisse Kontrolle durch das Insolvenzgericht erfolgt, du also nicht „einfach so davon kommst".

Du wiederum hast mit dem Insolvenzplan die Möglichkeit, einzelne unwillige Gläubiger dadurch zu bändigen, dass du – was nur im Rahmen des Plans so möglich ist - Gläubiger mit gleicher Rechtsstellung (z.B. alle, die über keine Sicherheiten für ihre Forderungen verfügen) in Gruppen zusammen fassen kannst.

Bei der Abstimmung über den Plan ist dann nur die Mehrheit (nach Köpfen oder Summen) der Gläubiger für eine Umsetzung des Plans notwendig, nicht mehr die Zustimmung aller Gläubiger.

Dies kann insbesondere in Fällen, wo einzelne Gläubiger (auch aus persönlichen Gründen) grundsätzlich nicht einigungsbereit sind, der entscheidende Vorteil für eine Regelung sein.

Grundsätzlich musst du aber beachten, dass kein Gläubiger durch den Plan schlechter gestellt wird, als bei Weiterführung des regulären Insolvenzverfahrens!

Der Insolvenzplan kann auch schon zusammen mit dem Insolvenzantrag eingereicht werden, so dass man bereits zu diesem Zeitpunkt abwägen kann, ob ein gerichtlicher Schuldenbereinigungsplan in der konkreten Situation günstiger ist oder eben der Insolvenzplan.

Die einzelnen jeweiligen Vor- und Nachteile der verschiedenen Gestaltungsmöglichkeiten findest du als Entscheidungshilfe im Anhang!

Die Vorlage eines Insolvenzplans ist zeitlich befristet: gem. §218

InsO findet ein nach Abhaltung des Schlusstermins eingereichter Plan keine Berücksichtigung mehr.

Ein **Insolvenzplan** kann manchmal auch allein **aus taktischen Gründen** im Insolvenzverfahren sinnvoll sein: durch die Planvorlage und einen entsprechenden Antrag **kann die Verwertung und Verteilung des Vermögens im Insolvenzverfahren ausgesetzt / unterbrochen werden!**

Er setzt aber immer eine weitgehende Offenlegung deiner persönlichen und wirtschaftlichen Verhältnisse voraus und bei Falschangaben droht dir ein Verfahren wegen Prozessbetrugs!

Die weitgehenden notwendigen Angaben sind natürlich ein Vorteil für Gläubiger, da sie so über sicherere Informationen als Entscheidungsgrundlage verfügen.

Die Durchführung eines Insolvenzplanverfahrens bietet sowohl Vor- als auch Nachteile:

Das Insolvenzplanverfahren ist bislang außerhalb großer Konzern-Insolvenzen auch für viele Praktiker (Rechtsanwälte und Gerichte) soz. ein „blinder Fleck".

Das kann den Vorteil haben, dass man die Gläubiger damit beeindrucken und nachweisen kann, wie sehr man sich in die Materie eingearbeitet hat, um für alle Seiten eine positive Regelung zu finden, und dass man bereit ist, die gesetzlichen Vorgaben zu erfüllen.

Andererseits kennen viele Gläubiger das Insolvenzplanverfahren nicht und misstrauen ihm daher grundsätzlich oder wollen sich die Mühe ersparen, sich näher damit zu beschäftigen.

Auch bei einigen Insolvenzgerichten und Treuhändern sind Insolvenzpläne nicht gerne gesehen, da sie von den nun jahrelang eingespielten Arbeitsabläufen abweichen und daher mehr Aufmerksamkeit und Arbeit erfordern. Dies kann zur Folge haben, dass zumindest das Ziel der Beschleunigung bis zum Verfahrensende nicht ohne weiteres zu erreichen ist, da sich die Bearbeitungszeiten deutlich verlängern.

Da insgesamt für ein erfolgreiches Insolvenzplanverfahren sehr viele Dinge im Vorfeld- auch bei der endgütligen Formulierung - gründlich bedacht werden müssen (Laufzeit, jeweilige Zu- und Verteilung, deine Haftung, Option der Gruppenbildung, Gleichbehandlungsgrundsatz etc.) und hierzu insbesondere Rechtskenntnisse nahezu unverzichtbar sind, empfehle ich dir dringend, für die Durchführung eines Insolvenzplans einen Fachanwalt zu beauftragen, damit dir das Ganze nicht „über den Kopf wächst" und du keine Nachteile erleidest!

Ist eine gründliche Prüfung und Vorbereitung erfolgt, kann ein Insolvenzplan z.B. so aussehen:

Rechtsanwalt I. Hilfreich   Querstraße 2   12345 Sorgenstadt

An das
Amtsgericht
- Insolvenzgericht –
Wunderland

Sorgenstadt, den 31.07.2014

Insolvenzverfahren über das Vermögen der
Beate Ohnemoos, Sorgenstadt
456 IK 123/13

Vorlage Insolvenzplan und Antrag auf Durchführung des Planverfahrens

Sehr geehrte Damen und Herren,

in o.g. Verfahren lege ich im Auftrag meiner Mandantin den hier erstellten Insolvenzplan gem. §§217 ff vor.
Ich bitte um Durchführung des Insolvenzplanverfahrens und Zustellung des Plans an die Gläubiger zwecks Stellungnahme.

Mit freundlichen Grüßen

I. Hilfreich
Rechtsanwalt

Insolvenzplan
in dem Verbraucherinsolvenzverfahren
über das Vermögen der
Beate Ohnemoos
Neustraße 3, 12345 Sorgenstadt
456 IK 123/13

Vorbemerkung
Das Insolvenzgericht Wunderland hat am 01.07.2014 das Insolvenzverfahren über das Vermögen der Frau Beate Ohnemoos, Sorgenstadt, eröffnet und Frau StB A. Wissend, zur Insolvenzverwalterin bestellt. Die Schuldnerin hatte einen Eigenantrag auf Eröffnung des Insolvenzverfahrens gestellt.

Gem. §219 InsO ist der nachfolgende Insolvenzplan in einen darstellenden und einen gestaltenden Teil gegliedert:

I. Darstellender Teil
Es bestehen Verbindlichkeiten bei 9 Gläubigern in Höhe von insgesamt 36.563,95 €.

Die Schuldnerin ist 37 Jahre alt, geschieden und alleinerziehende Mutter zweier minderjähriger Kinder: Silvie Ohnemoos, geb. 25.08.2006, und Ole Ohnemoos, geb. 03.11.2008.
Sie ist gelernte Bürokauffrau, war in den letzten Jahren zunächst Hausfrau und dann zeitweise geringfügig beschäftigt, wie es die Betreuungssituation für die Kinder zuließ. Seit Anfang 2013 war die Schuldnerin arbeitssuchend gemeldet und hat nun seit 01.03.2014 eine neue Arbeitsstelle als Logistik-Mitarbeiterin.
Das Arbeitseinkommen beläuft sich regelmäßig auf rund 1.400,00 € netto. Daneben beziehe sie Kindergeld für beide Kinder, mit denen sie in einer bescheidenen Mietwohnung (3 Zimmer, rund 70 qm) wohnt.

Verwertbare Vermögensgegenstände sind nicht vorhanden: die Schuldnerin verfügt nicht über Grundbesitz, Sparguthaben besteht ebenfalls nicht. Das Girokonto wird als P-Konto geführt und weist ebenfalls kein Guthaben aus. Für den Weg zur Arbeit und Fahrten zur Schule /Arzt etc. hat die Schuldnerin einen PKW gebraucht gekauft: Renault Twingo, Baujahr 2003.
Darüber hinaus besitzt sie keine Vermögenswerte oder Gegenstände von besonderem Wert.
Die bestehenden Verbindlichkeiten sind vor allem in der Zeit nach der Trennung von dem geschiedenen Ehemann der Schuldnerin entstanden. Durch den Wegfall des zweiten Einkommens und zunächst unregelmäßige Unterhaltszahlungen konnte sie diversen laufenden Zahlungsverpflichtungen nicht nachkommen. Die Schuldnerin hatte daraufhin zunächst versucht, dies mit einem Kredit bei ihrer Hausbank und einem Bauspardarlehen abzufangen, was jedoch nicht gelang. Durch die weiteren Kosten und Zinsen und verschiedene Vollstreckungsmaßnahmen einzelner Gläubiger stiegen die Verbindlichkeiten weiter an, bis die Schuldnerin schließlich den hier zugrunde liegenden Insolvenzantrag stellte.

Die Schuldnerin verfügt nunmehr wieder über regelmäßiges Einkommen, so dass

sämtliche laufenden Lebenshaltungskosten gezahlt werden können. Pfändbares Einkommen fällt jedoch aufgrund der bestehenden Unterhaltspflichten auch absehbar nicht an.
Die Vermögensübersicht wurde im Übrigen mit den Formularen bei Antrag auf Eröffnung des Insolvenzverfahrens vollständig vorgelegt.

Planidee:
Der Onkel der Schuldnerin hat sich bereit erklärt, einen Betrag in Höhe von 5.000,00 € für die Schuldenregulierung mittels Insolvenzplan bereit zu stellen.

Ergebnis bei Annahme des Plans:
Bei Annahme des Plans wird an die Gläubiger der Betrag in Höhe von 5.000,00 € ausgeschüttet. Dies entspricht einer Quote der Gesamtverschuldung von **13,675 %.**

Ergebnis bei Ablehnung des Plans und Fortsetzung des Insolvenzverfahrens:
Da keinerlei verwertbare Vermögensgegenstände vorhanden sind und pfändbare Einkommensanteile absehbar nicht anfallen sowie ansonsten zunächst auf die Verfahrenskosten anzurechnen wären, erhalten die Gläubiger bei Fortsetzung des Insolvenzverfahrens absehbar eine Zahlungsquote in Höhe von **0,00 %**.

Antrag auf Beschlussfassung:
Die Gläubiger werden um Stellungnahme gebeten, dass sie der hier vorgeschlagenen Regelung **zustimmen** und im Gegenzug auf ihre weitergehenden Forderungen ausdrücklich verzichten.

II. **Gestaltender Teil**
1.) Besondere Ausführungen ergeben sich zunächst nicht: Aus- / Absonderungsrechte zugunsten einzelner Gläubiger sind nicht bekannt.
Der Insolvenzverwalter wird bevollmächtigt, die zur Umsetzung notwendigen Maßnahmen zu ergreifen und offensichtliche Fehler des Plans zu berichtigen.

2.) Die Zahlungsabwicklung erfolgt über ein von dem Insolvenzverwalter einzurichtendes Treuhandkonto. Der Onkel der Schuldnerin wird binnen zwei Wochen ab Zustimmung der Gläubiger zum Plan den Betrag in Höhe von 5.000,00 € auf das Konto einzahlen.
Der Insolvenzverwalter erhält den Betrag treuhänderisch und ausschließlich für den Zweck der Verteilung auf Basis dieses Insolvenzplans und des hieraus zu erstellenden Verteilungsverzeichnisses.

3.) Der auszuzahlende Betrag in Höhe von 5.000,00 € wird quotal auf Basis des bei Abstimmung über den Insolvenzplan bestehenden Gläubigerverzeichnisses verteilt. Zahlungen erfolgen dabei nur auf festgestellte Forderungen.
Eine Abänderung des Gläubigerverzeichnisses ist nach Annahme des Insolvenzplans durch die Gläubiger nicht mehr möglich.

4.) Vorbehaltene Ansprüche oder nicht verwertetes Vermögen sind nicht vorhanden.

Die Planüberwachung wird dem Insolvenzverwalter übertragen.
Die mit der Durchführung dieses Plans verbundenen Kosten trägt die Schuldnerin.

Sorgenstadt, den 31.07.2014

Anlage:

Hiermit erkläre ich mich unwiderruflich bereit, ausschließlich zum Zweck der Durchführung eines Insolvenzplanverfahrens im Verbraucherinsolvenzverfahren über das Vermögen meiner Nichte Frau Beate Ohnemoos, Sorgenstadt, einen Betrag in Höhe von 5.000,00 € zur Verteilung an die Gläubiger zur Verfügung zu stellen.

Sorgenstadt, den 31.07.2014

Leo Unbesorgt

Checkliste:

1. **Was musst du tun, um diese Möglichkeit zu nutzen?**

- Gemeinsam mit Schuldnerberatungsstelle/Rechtsanwalt Plan erstellen,

- Plan vor dem Schlusstermin im Insolvenzverfahren einreichen

- Zustimmung der (Mehrheit der) Gläubiger zum Plan erhalten - Einigung erzielen und

2. **Was ist die Rechtsfolge?**

zivilrechtlicher Vertrag, wenn rechtskräftig bestätigt: vollstreckungsfähig, betrifft alle Gläubiger

3. **Was kostet dich diese Regelung insgesamt?**

Einigungsbetrag + ggf. Gebühren RA,
Kosten des Insolvenzverfahrens,
Vergütung des Insolvenzverwalters/Treuhänders

4. **Wenn erfolgreich, was noch zu veranlassen?**

- Plan erfüllen
- Titelherausgabe+Erledigungserklärung (Gl anschreiben)
- Erledigungsvermerk / Löschung SCHUFA + Schuldnerkartei

Möglichkeit 6: Einstellung mit Zustimmung aller Gläubiger, die zur Insolvenztabelle angemeldet haben, §213 Abs. 1 InsO

Diese Möglichkeit ist eng verwandt mit der unter 3.) dargestellten, stellt jedoch in der Praxis die deutlich häufigere (weil leichter durchführ- und handhabbare) Alternative dar.

Sie ist grundsätzlich jederzeit zwischen Prüfungstermin und Ablauf des Gesamtverfahrens möglich, macht aber aus Kostengründen und mit Blick auf die gewünschte Zeitersparnis vor allem Sinn im Zeitraum zwischen Prüfungs- und Schlusstermin.

Das liegt daran, dass hier ein wesentlich längerer Zeitraum zur Verfügung steht, um eine Regulierung umzusetzen und eine Einigung nun auch leichter wird, da nicht mehr die Zustimmung aller, sondern nur noch die der Anmeldegläubiger notwendig ist.

Außerdem liegt die Entscheidung bei entsprechendem Antrag hier nicht mehr im Ermessen des Insolvenzgerichts, sondern das Verfahren muss bei Vorliegen der Voraussetzungen eingestellt werden.

Wieder steht am Anfang der Umsetzung dieser Möglichkeit, die Überlegung, was und innerhalb welchen Zeitraums du deinen Gläubigern anbieten kannst / willst.

Um zu wissen, mit welchen Gläubigern und über welche Forderungen du überhaupt verhandeln musst, um eine Einstellung des Insolvenzverfahrens zu ermöglichen, musst du **als Erstes die sog. Insolvenztabelle** bei dem Insolvenzgericht oder Treuhänder **anfordern**:

Musterschreiben an den Treuhänder **<u>– Anforderung Kopie Insolvenztabelle -</u>**:

Abs.: Beate Ohnemoos
Neustraße 3
12345 Sorgenstadt

An Frau StB A. Wissend
Postallee 3
12345 Sorgenstadt

Sorgenstadt, den 01.04.2014

Aktenzeichen: 456 IK 123/13 Amtsgericht Wunderland

Sehr geehrte Frau Wissend,

in meinem Insolvenzverfahren hat inzwischen der Prüfungstermin stattgefunden. Um den Überblick über den Stand des Verfahrens zu behalten, bitte ich höflich um Übersendung einer Abschrift der Insolvenztabelle, mit der ich alle angemeldeten Forderungen und Prüfungsergebnisse erkennen kann.
Falls noch spätere Forderungsanmeldungen eingegangen sind und somit ein weiterer Prüfungstermin notwendig wird, bitte ich um entsprechenden Hinweis.

Mit freundlichen Grüßen

Beate Ohnemoos

Die vom Insolvenzverwalter / Treuhänder erstellte Insolvenztabelle sieht dann z.B. in der Übersicht so aus:

Muster einer „Insolvenztabelle" gem. §175 InsO

Lfd. Nr.	Gläubiger	Vertreter	Tag der Anmeldung	Angemeldete Forderung in EUR	Grund der Forderung	Ergebnis der Forderungs-Prüfung
0/1	Ziel-Bank AG Harry-Wijnford-Platz 1 98765 Lustighafen	-	05.2.2014	9.837,95	Konsumenten-Darlehen	in voller Höhe festgestellt
0/2	Anna-Versand GmbH Paketstraße 1-99 56789 Oberburg	Oberburg Inkasso Fährtenweg 1 56789 Oberburg	05.02.2014	835,40	Waren-Lieferung	in voller Höhe festgestellt
0/3	Superphone GmbH Lange Leitung 3 69875 Funkloch	-	06.02.2014	1387,66	Telekommuni-kations-Leistung	festgestellt in Höhe von 989,90 EUR; Rest vorl. bestritten
0/4	Saft-Kraft-Energie AG Tief im Westen 10 75689 Kernschmelz	Rechtsanwälte Mau Flaute 9 75689 Kernschmelz	07.02.2014	451,39	Energie-Lieferung (Strom+Gas)	in voller Höhe festgestellt
0/5	Sparkasse Sorgenstadt Schöne Aussicht 1 12345 Sorgenstadt	Soft Inkasso GmbH Blaue Meile 8 12345 Sorgenstadt	07.02.2014	10.891,33	Verbraucher-Kredit	in voller Höhe festgestellt für den Ausfall
0/6	Autohaus H. Blechle Rennstrecke 1 54321 Autostadt	Rechtsanwalt Laut Oberwasser 13 54321 Autostadt	10.02.2014	1.464,72	Werkvertrag Fzg.-Reparatur	in voller Höhe bestritten
0/7	Hans Grummel Villa Berg 1 12345 Sorgenstadt	-	10.02.2014	370,50	Nebenkosten-Nachzahlung 2012	in voller Höhe festgestellt
				25.238,95		

Hier wird schon deutlich, dass eine Regelung allgemein einfacher wird, wenn weniger Gläubiger und vor allem eine deutlich geringere Forderungssumme zu berücksichtigen sind.

In der Insolvenztabelle sind alle Gläubiger erfasst, die tatsächlich am Insolvenzverfahren teilnehmen mit der Höhe ihrer tatsächlich angemeldeten Forderungen.

In unserem Beispielfall haben die Gläubiger „Tolle Hütte Bauspar AG" und „Herr Theo Unbesorgt" keine Forderungen im Insolvenzverfahren angemeldet, so dass grundsätzlich ein um 11.325,00 € reduzierter Betrag zur Regulierung gelangen kann.

Der Vorteil, dass du dich mit weniger Gläubigern einigen musst, hat aber wiederum eine Kehrseite: gelingt die Einigung, wirst du zwar das Insolvenzverfahren los, nicht aber auch direkt alle Gläubiger.

Das bedeutet für dich, dass du

- im Anschluss an die Einigung mit den Gläubigern, die ihre Forderungen im Insolvenzverfahren angemeldet hatten, und

- der Einstellung des Verfahrens auf deinen Antrag hin dann

- **auch noch mit den weiteren Gläubigern, die sich nicht am Insolvenzverfahren beteiligt haben, nachverhandeln musst,** damit diese z.B. nicht direkt wieder die Zwangsvollstreckung gegen dich betreiben und damit deine wiedergewonnene Freiheit gefährden!

Die vorliegende Möglichkeit bringt also vor allem einen Zeitgewinn gegenüber der weiteren Durchführung des Insolvenzverfahrens und den im Anschluss vorgestellten weiteren Möglichkeiten.

Und einen „psychologischen" Vorteil gegenüber den zuvor benannten Möglichkeiten: deine Gläubiger wissen nun, dass du bereit bist, ein Insolvenzverfahren mit allen Konsequenzen in Kauf zu nehmen, um eine Schuldbefreiung zu erreichen.

Und sie können deine bisherigen Angaben mit den Feststellungen des Treuhänders / Insolvenzverwalters vergleichen und somit eher glauben. Anhand des Berichts des Insolvenzverwalters und den Prüfungsergebnissen in der Insolvenztabelle fällt ihnen auch eine Prognose leichter, was mit ihren Forderungen passiert, wenn sie sich nicht mit dir einigen und das Insolvenzverfahren regulär fortgesetzt wird.

Dies ist für dich zugleich auch ein guter Argumentationsansatz: du kannst den zuvor vom Treuhänder/Insolvenzverwalter übersandten

Bericht deinem Einigungsvorschlag beifügen, damit die Gläubiger einen Direktvergleich haben.

In der bisherigen Praxis wird diese Möglichkeit 6.) deshalb von vielen Betroffenen am ehesten favorisiert, da sie kurzfristig umsetzbar und wirtschaftlich oft machbar ist und zur Beendigung des Insolvenzverfahrens ohne weiteren Negativeintrag bei der Schufa führt.

Es besteht **alternativ die Möglichkeit 8.)** der Einigung mit allen Gläubigern gem. Schlussverzeichnis (das auf der Insolvenztabelle basiert und oft fast identisch ist).

Das Schlussverzeichnis liegt allerdings oft erst deutlich später vor als die Insolvenztabelle, weil der Insolvenzverwalter zuvor die gesamte Vermögensverwertung geprüft und durchgeführt sowie die entsprechenden Schlussunterlagen bei dem Insolvenzgericht eingereicht haben muss.

Außerdem muss bei der Alternative 8.) neben der Einigung mit den Gläubigern auch eine Zahlung der gesamten Verfahrenskosten erfolgen, was zur Folge hat, dass kurzfristig ein höherer Geldbetrag zur Beendigung des Insolvenzverfahrens zur Verfügung stehen muss.

Schließlich unterscheiden sich diese beiden parallelen Möglichkeiten vor allem in der Rechtsfolge:

Die hier vorgestellte Einstellung des Insolvenzverfahrens nach Einigung mit allen Gläubigern gem. Insolvenztabelle (**Möglichkeit 6.) bewirkt keine umfassende Restschuldbefreiung, vermeidet aber einen harten Negativeintrag bei der Schufa.**

Die vorzeitige Erteilung der Restschuldbefreiung nach Einigung mit allen Gläubigern gem. Schlussverzeichnis **(Möglichkeit 8.) bewirkt**

eine umfassende Restschuldbefreiung, die dann aber auch als hartes Negativmerkmal in der Schufa 3 Jahre sichtbar bleibt.

Zudem gelten nach (vorzeitiger) Erteilung der Restschuldbefreiung Sperrfristen für einen möglichen neuen Insolvenzantrag, während du im Notfall nach Einstellung des Verfahrens jederzeit einen neuen Antrag stellen kannst.

Bei Einstellung des Verfahrens vor dem Schlusstermin besteht außerdem die Möglichkeit, die Verfahrenskosten geringer zu halten und somit den notwendigen finanziellen Einsatz zu reduzieren, §3 Abs. 2 lit c) InsVV.

Wenn du dich also nach Abwägung deiner Möglichkeiten und Zielrichtung entschieden hast, von dieser Möglichkeit Gebrauch zu machen und dir die Insolvenztabelle vorliegt, kannst du den Gläubigern wiederum einen entsprechenden Vergleichsvorschlag unterbreiten:

Musterschreiben an die Gläubiger – **Unterbreitung eines Einigungsvorschlags** -:

Abs.: Beate Ohnemoos
Neustraße 3
12345 Sorgenstadt

Anna-Versand GmbH
Parkettstraße 1-99
56789 Oberburg

Sorgenstadt, den 15.05.2014

Ihr Zeichen: Rg. 99-100-123456
Warenlieferungen

Sehr geehrte Damen und Herren,

wie Sie wissen, läuft seit dem 01.01.2014 bei dem Amtsgericht Wunderland unter Aktenzeichen 456 IK 123/13 das Insolvenzverfahren über mein Vermögen.
Im Falle der Erteilung der Restschuldbefreiung wirkt diese auch gegenüber Ihrer Forderung aus der o.g. Rechnung.
Ich möchte Ihnen hiermit ein Zahlungsangebot unterbreiten, um das Insolvenzverfahren vorzeitig zu beenden.

Ich habe die Zusage eines Freundes / Verwandten / Dritten erhalten, mir einen Betrag in Höhe von **insgesamt 5.000,00 € ausschließlich zum Zweck der vorzeitigen Beendigung des Insolvenzverfahrens** zur Verfügung zu stellen.

Dieser Betrag soll nun nach den prozentualen Anteilen der einzelnen Gläubigerforderungen an meinen Gesamtverbindlichkeiten ausgezahlt werden.
Ausweislich des beigefügten Zahlungsplans betrüge Ihr Anteil einen Betrag in Höhe von 165,50 € (Quote: **19,81 %).**

Die Auszahlung steht allerdings unter der Bedingung, dass alle Gläubiger
- der Einigung und Auszahlung zustimmen;
- auf weitergehende Forderungen verzichten;
- im Anschluss an die erfolgte Zahlung die vorliegenden Zahlungstitel an mich herausgeben;
- der vorzeitigen Beendigung des Insolvenzverfahrens sowie
- einer Löschung aus allen Schuldnerverzeichnissen zuzustimmen.

Sofern ein Gläubiger seine Zustimmung zu den genannten Bedingungen verweigert, wird dieses Zahlungsangebot hinfällig und es kann keine Zahlung erfolgen!

In diesem Fall wird das Insolvenzverfahren regulär fortgesetzt mit der Folge, dass mit Blick auf mein Einkommen die Zahlung auch nur eines geringen Betrages an die Gläubiger unwahrscheinlich ist. Dies entspricht auch der Prognose des eingesetzten Treuhänders gem. dessen in Kopie beigefügten Bericht an das Insolvenzgericht vom 11.02.2014.

Mir ist an einer Einigung und insbesondere einer Zahlung an meine Gläubiger sehr gelegen, so dass ich um wohlwollende Prüfung meines Zahlungsvorschlages bitte.

Ich bitte um kurzfristige schriftliche Stellungnahme bis zum 31.05.2014, damit für alle Beteiligten schnell Sicherheit über den weiteren Ablauf geschaffen werden kann.

Mit freundlichen Grüßen

Beate Ohnemoos

Anlagen:
Zalungsplan
Rückantwortschreiben

Zahlungsplan:

Lfd. Nr.	Gläubiger	Vertreter	Angemeldete Forderung in EUR	Zahlungsangebot gem. Vergleichsvorschlag in EUR
0/1	Ziel-Bank AG Harry-Wijnford-Platz 1 98765 Lustighafen	-	9.837,95	**1.948,96**
0/2	Anna-Versand GmbH Paketstraße 1-99 56789 Oberburg	Oberburg Inkasso Fährtenweg 1 56789 Oberburg	835,40	**165,50**
0/3	Superphone GmbH Lange Leitung 3 69875 Funkloch	-	1387,66	**274,91**
0/4	Saft-Kraft-Energie AG Tief im Westen 10 75689 Kernschmelz	Rechtsanwälte Mau Flaute 9 75689 Kernschmelz	451,39	**89,42**
0/5	Sparkasse Sorgenstadt Schöne Aussicht 1 12345 Sorgenstadt	Soft Inkasso GmbH Blaue Meile 8 12345 Sorgenstadt	10.891,33	**2.157,64**
0/6	Autohaus H. Blechle Rennstrecke 1 54321 Autostadt	Rechtsanwalt Laut Oberwasser 13 54321 Autostadt	1.464,72	**290,17**
0/7	Hans Grummel Villa Berg 1 12345 Sorgenstadt	-	370,50	**73,40**
			25.238,95	5.000,00

Rückantwortschreiben:

„Dem Schuldenbereinigungsplan vom 15.05.2014 mit den darin genannten Bedingungen wird

[ ] zugestimmt.
Nach erfolgter Auszahlung wird der vorzeitigen Beendigung des Insolvenzverfahrens und Löschung aus den Schuldnerkarteien zugestimmt und auf die weitergehenden Forderungen verzichtet.

[ ] nicht zugestimmt.
Das Insolvenzverfahren soll regulär nach den gesetzlichen Bestimmungen weiter geführt werden.

Für dich UND deine Gläubiger wichtig zu wissen:
Mit der Zustimmung zur Einstellung des Verfahrens erklären die Gläubiger zwar einen Verzicht auf die weitere Durchführung des Verfahrens, ein materiell-rechtlicher Forderungsverzicht ist hiermit aber nicht verbunden. D.h. die Forderungbleibt grundsätzlich bis zur endgültigen Erfüllung des Vergleichs bestehen. Erfüllst du den Vergleich also nicht, kann wieder vollstreckt werden und auch Antrag Insoverfahren durch Gläubiger gegen dich bleibt möglich!

Stimmen alle Gläubiger zu, kannst du nun den entsprechenden Antrag auf Einstellung des Verfahrens bei dem Insolvenzgericht einreichen:

Musterschreiben an das Insolvenzgericht – Einstellungsantrag mit Nachweis über die Einigung -:

Abs.: Beate Ohnemoos
Neustraße 3
12345 Sorgenstadt

Insolvenzgericht Wunderland
...

Sorgenstadt, den 15.06.2014

Ihr Zeichen: Rg. 99-100-123456
Warenlieferungen

Sehr geehrte Damen und Herren,

in o.g. Verfahren habe ich erfolgreich einen außergerichtlichen Einigungsversuch mit den Gläubigern zur vorzeitigen Beendigung des Insolvenzverfahrens durchgeführt.
Beigefügt erhalten Sie den Nachweis, dass alle Tabellengläubiger dem außergerichtlichen Vergleich und einer Einstellung des Insolvenzverfahrens zugestimmt haben.

Ich stelle daher den Antrag, gem. §213 Abs. 1 InsO das Verfahren einzustellen.
Zugleich nehme ich meinen Antrag auf Erteilung der Restschuldbefreiung zurück und widerrufe die erteilte Abtretungserklärung gem. §287 InsO.

Mit freundlichen Grüßen

Beate Ohnemoos

Anlagen:
Zahlungsplan in Kopie
Zustimmungsschreiben aller Gläubiger im Original

Das Gericht stellt dann in der Regel das Verfahren kurzfristig ein. Hierzu ist weder ein abschließender Bericht zum Verfahren noch überhaupt eine Stellungnahme des Insolvenzverwalters / Treuhänder notwendig.

Beschluss des Insolvenzgerichts über die Einstellung des Verfahrens gem. §213 Abs. 1 InsO :

- Ausfertigung/Abschrift -

Amtsgericht Wunderland
Insolvenzgericht
Geschäfts-Nr.: 456 IK 123/ 13
(bitte stets angeben)

Beschluss

In dem Verbraucherinsolvenzverfahren
über das Vermögen der
Beate Ohnemoos geb. Unbesorgt, Neustraße 3, 12345 Sorgenstadt

Verfahrensbevollmächtiger:
Rechtsanwalt I. Hilfreich, Querstraße 2, 12345 Sorgenstadt

wird
1. das Verfahren gem. §213 Abs. 1 InsO mit Zustimmung aller Gläubiger eingestellt.
2. Die Laufzeit der Abtretungserklärung, das Amt des Treuhänders und die Beschränkung der Rechte der Gläubiger enden mit Rechtskraft dieser Entscheidung.

Die Schuldnerin erhält mit sofortiger Wirkung das Recht, ihr Vermögen zu verwalten und hierüber zu verfügen, zurück.

Gründe:
Die Schuldnerin hat die Einstellung gem. §213 Abs. 1 InsO beantragt und die hierzu erforderliche Zustimmung aller zu beteiligenden Gläubiger beigebracht. Das Verfahren war demnach einzustellen.
.

Ganz-Korrekt
Rechtspfleger

ausgefertigt
Wunderland, den 01.07.2014

Stempel
Amtsgericht

Kunze, Justizangestellter
als Urkundsbeamter der Geschäftsstelle

Musterschreiben an das Vollstreckungsgericht – **Antrag auf Löschungsbescheid** -:

Abs.: Beate Ohnemoos
Neustraße 3
12345 Sorgenstadt

Amtsgericht
- Vollstreckungsgericht –
Wilhelmstraße 1
12345 Sorgenstadt

Sorgenstadt, den 15.07.2014

Löschung Einträge Schuldnerkartei

Sehr geehrte Damen und Herren,

ich habe mich mit meinen Gläubigern im Wege eines Zahlungsvergleichs geeinigt und die Verbindlichkeiten durch die entsprechende Zahlung inzwischen erledigt.
Die entsprechenden Schreiben der Gläubiger mit der Bestätigung über die Zahlung und Zustimmung zur Löschung sind in Kopie beigefügt.
Das Insolvenzverfahren wurde daher gem. in Kopie beigefügtem Beschluss des Insolvenzgerichts eingestellt.
Ich bitte daher um Löschung meiner Daten aus der Schuldnerkartei und Ausstellung eines Löschungsbescheids, damit ich auch die Löschung bei der Schufa beantragen kann.

Mit freundlichen Grüßen

Beate Ohnemoos

Musterschreiben an die SCHUFA – **Antrag auf Löschung** -:

Abs.: Beate Ohnemoos
Neustraße 3
12345 Sorgenstadt

SCHUFA Holding AG
Privatkunden ServiceCenter
Postfach 103441
50474 Köln

Sorgenstadt, den 15.08.2014

Löschung Einträge

Sehr geehrte Damen und Herren,

ich habe mich mit meinen Gläubigern im Wege eines Zahlungsvergleichs geeinigt und die Verbindlichkeiten durch die entsprechende Zahlung inzwischen erledigt.
Mein Insolvenzverfahren wurde daher gem. in Kopie beigefügtem Beschluss des Insolvenzgerichts eingestellt.
Die entsprechenden Schreiben der Gläubiger mit der Bestätigung über die Zahlung und Zustimmung zur Löschung sind in Kopie ebenso beigefügt wie der Löschungsbescheid des Vollstreckungsgerichts.
Ich bitte daher um Löschung aller entsprechenden Negativ-Einträge aus Ihrer Datei.

Mit freundlichen Grüßen

Beate Ohnemoos

Checkliste:

1. Was musst du tun, um diese Möglichkeit zu nutzen?

- Teilbetrag zur Zahlung an die Gläubiger anbieten können

- Vergleich (Teilzahlung + Teilerlass der Forderungen) anbieten für alle Tabellengläubiger

- Einigung erzielen

- Zustimmung zur Einstellung des Verfahrens von allen Tabellengläubigern erhalten

- Einstellungsantrag stellen

2. Was ist die Rechtsfolge
zivilrechtlicher Vergleich, nicht vollstreckungsfähig

3. Was kostet dich diese Regelung insgesamt?
- Einigungsbetrag
- ggf. Gebühren RA
- Kosten des Insolvenzverfahrens (Teil)

4. Wenn erfolgreich, was noch zu veranlassen?

- Vergleich erfüllen
- Titelherausgabe+Erledigungserklärung (Gl anschreiben)
- Erledigungsvermerk / Löschung SCHUFA + Schuldnerkartei
- Nachverhandlungen mit den Gläubigern, die sich nicht an dem Insolvenzverfahren beteiligt hatten

D) Im Anschluss an den Schlusstermin

Ist dein Verfahren bereits weiter fortgeschritten oder konntest du von den bislang vorgestellten Möglichkeiten keinen Gebrauch machen, gibt es auch nach dem offiziellen „Schlusstermin" noch verschiedene Möglichkeiten, früher aus dem Insolvenzverfahren heraus zu kommen.

➔ Schlusstermin = Abschluss der Verwertungsphase und Übergang in die Wohlverhaltensperiode.

Du bekommst vom Insolvenzgericht ein Schreiben über die Bestimmung des Schlusstermins. Dies passiert, wenn der Insolvenzverwalter/Treuhänder seinen Schlussbericht eingereicht und die Verwertungsphase abgerechnet hat.

Hier zwei Beispiele, wie die Mitteilung des Insolvenzgerichts über die Bestimmung des Schlusstermins aussehen kann:

Beschluss des Insolvenzgerichts über die Bestimmung des Schlusstermins (Präsenztermin):

- Ausfertigung/Abschrift -

Amtsgericht Wunderland
Insolvenzgericht
Geschäfts-Nr.: 456 IK 123/ 13
(bitte stets angeben)

Beschluss

In dem Verbraucherinsolvenzverfahren
über das Vermögen der
Beate Ohnemoos geb. Unbesorgt, Neustraße 3, 12345 Sorgenstadt

Verfahrensbevollmächtiger:
Rechtsanwalt I. Hilfreich, Querstraße 2, 12345 Sorgenstadt

wird für die Schlussverteilung die Zustimmung erteilt und Schlusstermin zur

1. Prüfung noch nachträglich eingegangener Forderungsanmeldungen,
2. Erörterung der Schlussrechnung der Treuhänderin,
3. Erhebung von Einwendungen gegen das Schlussverzeichnis,
4. **Anhörung über die beantragte Restschuldbefreiung**

bestimmt auf:

Donnerstag, den 10.07.2014, 14:00 Uhr Saal 1

Die Vergütung und Auslagen der Treuhänderin sind mit gesondertem Beschluss vom heutigen Tag festgesetzt worden.

Schlussbericht, Schlussrechnung und Schlussverzeichnis der Treuhänderin sowie der Vergütungsbeschluss liegen zur Einsicht der Beteiligten auf der Geschäftsstelle des Amtsgerichts, Zimmer 123, aus.

Ganz-Genau
Rechtspfleger

Stempel Amtsgericht

ausgefertigt
Wunderland, den 15.06.2014

Kunze, Justizangestellter
als Urkundsbeamter der Geschäftsstelle

Der Originalbeschluss bleibt in der Gerichtsakte, den Beteiligten wird eine Kopie übersandt.

➔ Das Gericht hat die Schlussunterlagen des Treuhänders anerkannt
➔ Falls Gläubiger ihre Forderung nachträglich angemeldet haben, werden diese noch geprüft
➔ Dies ist der letzte Zeitpunkt, an dem deine Gläubiger die Insolvenztabelle beeinflussen können
➔ Die Anhörung über die Restschuldbefreiung ist ein entscheidender Moment im Verfahren!

oder

Beschluss des Insolvenzgerichts über <u>die Bestimmung des Schlusstermins (schriftliches Verfahren)</u>:

Der Originalbeschluss bleibt in der Gerichtsakte, den Beteiligten wird eine Kopie übersandt.

- Ausfertigung/Abschrift -

Amtsgericht Wunderland
Insolvenzgericht
Geschäfts-Nr.: 456 IK 123/ 13
(bitte stets angeben)

Beschluss

In dem Verbraucherinsolvenzverfahren
über das Vermögen der
Beate Ohnemoos geb. Unbesorgt, Neustraße 3, 12345 Sorgenstadt

Verfahrensbevollmächtiger:
Rechtsanwalt I. Hilfreich, Querstraße 2, 12345 Sorgenstadt

wird der Schlussverteilung zugestimmt.
Die Durchführung des Schlusstermins wird im schriftlichen Verfahren angeordnet (§§196, 197, 5 Abs. 2 InsO).

Die Beteiligten erhalten Gelegenheit, bis zum 10.07.2014 im schriftlichen Verfahren zu folgenden Punkten Stellung zu nehmen:

a) Schlussrechnung und Vergütungsantrag der Treuhänderin sowie Schlussverzeichnis der bei der Verteilung zu berücksichtigenden Forderungen;
b) Antrag der Schuldnerin auf Restschuldbefreiung; falls deren Versagung beantragt wird, sind innerhalb der Frist die Versagungsgründe glaubhaft zu machen (§§"89, 290 InsO);
c) Bezüglich der Überwachung der Schuldnerin im Verfahren zur Restschuldbefreiung durch den Treuhänder (§292 Abs. 2 InsO) müsste gegebenenfalls ein mündlicher Termin zur Anhörung der Gläubigerversammlung bestimmt werden.

Das Schlussverzeichnis sowie die Schlussrechnung der Treuhänderin liegen nebst dem gerichtlichen Prüfungsvermerk zur Einsicht der Beteiligten auf der Geschäftsstelle des Insolvenzgerichts Wunderland, Zimmer 123, aus.

Ganz-Genau
Rechtspfleger

ausgefertigt
Wunderland, den 15.06.2014

Stempel
Amtsgericht

Kunze, Justizangestellter
als Urkundsbeamter der Geschäftsstelle

➔ Das Gericht hat die Schlussunterlagen des Treuhänders anerkannt
➔ Dies ist der letzte Zeitpunkt, an dem deine Gläubiger die Insolvenztabelle beeinflussen können

➔ Die Anhörung über die Restschuldbefreiung ist ein entscheidender Moment im Verfahren!

Um nun dein weiteres Vorgehen planen und deine Möglichkeiten einschätzen zu können, benötigst du auf jeden Fall die Schlussunterlagen vom Insolvenzverwalter/Treuhänder. Fordere die Unterlagen deswegen direkt an, sobald du vom Schlusstermin erfahren hast.

Musterschreiben an den Insolvenzverwalter/Treuhänder – **Anforderung Kopie Schlussunterlagen** -:

Abs.: Beate Ohnemoos
Neustraße 3
12345 Sorgenstadt

An Frau StB A. Wissend
Postallee 3
12345 Sorgenstadt

Sorgenstadt, den 20.06.2014

Aktenzeichen: 456 IK 123/13 Amtsgericht Wunderland

Sehr geehrte Frau Wissend,

in meinem Insolvenzverfahren teilte mir das Insolvenzgericht mit, dass Schlusstermin bestimmt wurde zum 10.07.2014.
Ich bitte daher um Vorab-Übersendung der vollständigen Schlussunterlagen (Schlussbericht, Schlussrechnung, Schlussverzeichnis) in Kopie, um ggf. hierzu rechtzeitig Stellung nehmen zu können.

Mit freundlichen Grüßen

Beate Ohnemoos

Und so sehen die Schlussunterlagen dann z.B. aus:

Beispiel für einen Schlussbericht vom Treuhänder

StB A. Wissend, Postallee 3, 12345 Sorgenstadt

Tel.: 01234-56789
Fax: 01234-5678910
E-Mail: info@kanzlei-wissend.de

An das Amtsgericht
- Insolvenzgericht –
Wunderland
Aktenzeichen: 456 IK 123/13

S c h l u s s b e r i c h t

in dem Insolvenzverfahren über das Vermögen der Frau Beate Ohnemoos
geboren am 16.09.1976
Neustraße 3 12345 Sorgenstadt

I. Allgemeines

Die Schuldnerin beantragte vor dem Amtsgericht Wunderland die Eröffnung des Insolvenzverfahrens, außerdem wurde die Restschuldbefreiung sowie die Stundung der Verfahrenskosten beantragt sowie die pfändbaren Einkünfte gem. §287 Abs. 2 InsO abgetreten.

Diesbezüglich hat die Gläubigerin Sparkasse Sorgenstadt eine frühere Lohnabtretung vom 30.11.2006 geltend gemacht, so dass die Frist gem. §114 Abs. 1 InsO zu beachten ist.

Das Gericht eröffnete das Verfahren auf die vorgenannten Anträge hin am 01.01.2014 und bewilligte die Stundung der Verfahrenskosten.

Die Unterzeichnerin wurde zugleich zur Treuhänderin bestellt.

II. Rechtliche Verhältnisse

Name	Beate Margarethe Ohnemoos, geb. Unbesorgt, gesch. Müller
Wohnsitz	Neustraße 3 12345 Sorgenstadt zuvor: Hauptstraße 1 12345 Sorgenstadt
Familienstand	geschieden, 2 Unterhaltspflichten: Silvie Ohnemoos, geb. 25.08.2006 Ole Ohnemoos, geb. 03.11.2008
Geburtsdatum	16.09.1976
Beruf	Bürokauffrau, tätig als Logistik-Mitarbeiterin
Finanzamt	Sorgenstadt Steuernummer: 12/345/6789

III. Verwertung der Aktivmasse

<u>Aktiva</u>

Verwertung
0,00 EUR
pfändbares Einkommen
0,00 EUR

Einkommensteuer-Erstattungen 2012 und 2013	483,00 EUR
Summe der Einnahmen	**483,00 EUR**
Teilungsmasse	**483,00 EUR**

<u>Passiva</u>

Kontoführungsgebühren	5,00 EUR
Summe der Ausgaben	**5,00 EUR**

Noch zu begleichen sind die Kosten des Insolvenzverfahrens, die als Rückstellungen gebucht sind:

a) Gerichtskosten (geschätzt)	300,00 EUR
b) Treuhändervergütung nebst Auslagen	830,74 EUR
Summe der Rückstellungen	**1.130,74 EUR**

IV. Zusammenfassung

Summe der Einnahmen	483,00 EUR
./. Summe der Ausgaben	5,00 EUR
Saldo	**478,00 EUR**

Das Anderkonto Nr. 987654321 bei der Treugutbank West; BLZ 987 654 000, wies ein Guthaben in Höhe von 478,00 EUR aus, das zur teilweisen Deckung der Verfahrenskosten an die Gerichtskasse überwiesen wurde.
Es wurden keine weiteren Einnahmen erzielt; verwertbare Gegenstände wurden nicht vorgefunden.
Die Verwertung ist damit abgeschlossen.

Insgesamt wurden Forderungen in Höhe von 19.885,14 EUR zur Insolvenztabelle festgestellt.
Weitere Forderungsanmeldungen liegen nicht vor; die Forderungsprüfung ist daher ebenfalls beendet.
Die bei Verfahrensaufhebung vorhandene Masse ist nicht hinreichend, um die Verfahrenskosten für das eröffnete Verfahren vollständig zu decken. Dem Schuldner wurde insoweit die Verfahrenskostenstundung gewährt.
Eine Quotenzahlung für die Insolvenzgläubiger kann mangels Masse nicht erfolgen.

V. Abschluss

Es wird angeregt, den Schlusstermin kurzfristig zu bestimmen und die Verfahrens-Aufhebung zu veranlassen.

Sorgenstadt, 10.06.2014
Rechtsanwältin A. Wissend als Treuhänderin

Beispiel für eine Schlussrechnung vom Treuhänder

Verbraucherinsolvenzverfahren Beate Ohnemoos, Hauptstraße 1, 12345 Sorgenstadt
Verfahrensbevollmächtigter: Rechtsanwalt Ingolf Hilfreich, Querstraße 2, 12345 Sorgenstadt
Amtsgericht – Insolvenzgericht – Wunderland, Aktenzeichen **456 IK 123/13**
Treuhänderin: StB Agatha Wissend, Postallee 3, 12345 Sorgenstadt

08.06.2014

	Wertstellung	**Beleg-Nr.**	**Art**	**Soll EUR**	**Haben EUR**
Anfangsbestand bei Insolvenzeröffnung am 01.01.2013					**0,00**
Einnahmen:					
(1) Verwertung					**0,00**
(2) Pfändbares Einkommen					**0,00**
(3) Steuer-Erstattungsansprüche					
Einkommensteuer 2012	09.06.2014	1/14	EB	0,00	**355,00**
Einkommensteuer 2013	09.06.2014	1/14	EB	0,00	**128,00**
(4) Sonstiges					**0,00**
Summe der Einnahmen					**483,00**
Ausgaben:					
(1) Kontoführungsgebühren	10.06.2014	2/14	AB	5,00	0,00
Summe der Ausgaben				**5,00**	
Saldo					**478,00**
Überweisung an Gerichtskasse	10.06.2014	3/14	AB		**- 478,00**
Bestand					**0,00**

Beispiel für ein <u>Schlussverzeichnis gem. §188 InsO vom Treuhänder</u>

Verbraucherinsolvenzverfahren Beate Ohnemoos, Hauptstraße 1, 12345 Sorgenstadt
Verfahrensbevollmächtigter: Rechtsanwalt Ingolf Hilfreich, Querstraße 2, 12345 Sorgenstadt
Amtsgericht – Insolvenzgericht – Wunderland, Aktenzeichen **456 IK 123/13**
Treuhänderin: StB Agatha Wissend, Postallee 3, 12345 Sorgenstadt

08.06.2014

Rang	Rang Nr.	Gläubiger	festgestellte Forderung in EUR	Auszahlungsbetrag in EUR	Quote
§ 38	0/1	Ziel-Bank AG Harry-Wijnford-Platz 1 98765 Lustighafen	9.837,95	0,00	0,00 %
§ 38	0/2	Anna-Versand GmbH Paketstraße 1-99 56789 Oberburg	835,40	0,00	0,00 %
§ 38	0/3	Superphone GmbH Lange Leitung 3 69875 Funkloch	989,90	0,00	0,00 %
§ 38	0/4	Saft-Kraft-Energie AG Tief im Westen 10 75689 Kernschmelz	451,39	0,00	0,00 %
§ 38	0/5	Sparkasse Sorgenstadt Schöne Aussicht 1 12345 Sorgenstadt	7.400,00	0,00	0,00 %
§ 38	0/7	Hans Grummel Villa Berg 1 12345 Sorgenstadt	370,50	0,00	0,00 %
			19.885,14	**0,00**	**0,00 %**

Jetzt weißt du also, ob und wie viele Gläubiger Forderungen in deinem Verfahren in welcher Höhe angemeldet haben.

Du kennst die Verwertungsergebnisse und voraussichtlichen Kosten (Aktiva/Passiva).

Auf dieser Basis ergeben es nun wieder die weiteren Möglichkeiten.

Im Schlussverzeichnis, das der Insolvenzverwalter/Treuhänder im Insolvenzverfahren erstellt, sind alle Gläubiger erfasst, deren Forderungsanmeldungen zur Insolvenztabelle festgestellt wurden und die daher an einer möglichen Verteilung im Insolvenzverfahren teilnehmen sollen.

Die oben beschriebene Übersicht stellt ein beispielhaftes Schlussverzeichnis auf Basis der ursprünglichen Gesamtverbindlichkeiten dar. Die von den Angaben im „Gläubiger- und Forderungsverzeichnis" abweichenden Zahlen haben mehrere Gründe:

1. Es melden selten wirklich alle Gläubiger auch ihre Forderungen im Insolvenzverfahren an.

2. Manchmal liegen den Forderungsanmeldungen keine ausreichenden Belege bei, daher bleiben die Forderungen z.T. oder ganz im Prüfungstermin bestritten und werden nicht in das Schlussverzeichnis aufgenommen.

3. Höhere Forderungen resultieren oft aus den nachlaufenden Kosten und Zinsen zwischen der letzten Aufstellung und dem Tag der Insolvenzeröffnung.

In unserer beispielhaften Rechnung wird immer davon ausgegangen, dass keine Forderungen aus unerlaubten Handlungen angemeldet wurden, da diese einerseits besonders zu behandeln sind (s. Band 4 der Reihe inso-im-griff) und andererseits die entsprechenden Gläubiger seltener auf ihre Forderung (auch nur teilweise)verzichten oder überhaupt vergleichsbereit sind.

In Fällen, in denen absehbar Forderungen aus unerlaubten Handlungen geltend gemacht werden, ist es – wie bereits erwähnt - meist sinnvoll, diese vorab vor Regulierung mit allen anderen Gläubigern zu bereinigen oder besondere Bedingungen zu vereinbaren. Dies stellt auch keine Benachteiligung der anderen Gläubiger dar, da die Gläubiger mit Forderungen aus unerlaubten Handlungen ja auch im Insolvenzverfahren privilegiert sind und deren Forderungen von einer Restschuldbefreiung nicht umfasst wären.

Nun also zur ersten Möglichkeit, nachdem du das Schlussverzeichnis in deinem Verfahren vorliegen hast:

Möglichkeit 7: Zahlung der Verfahrenskosten, wenn keine Forderungen angemeldet wurden

Es klingt für dich vielleicht unglaublich, ist aber in den von mir verwalteten Insolvenzverfahren der letzten Jahre mehrfach vorgekommen:

Die Insolvenzgläubiger hatten, aus welchen Gründen auch immer, keine Forderungen zur Insolvenztabelle angemeldet!

Nach einer Entscheidung des Bundesgerichtshofs (17.03.2005 IX ZB 214/04) kann in solchen Fällen auf Antrag des Schuldners vorzeitig die Restschuldbefreiung erteilt werden, wenn die Verfahrenskosten vollständig gedeckt sind.

Die Regelung hat den Hintergrund, dass es ohne Forderungsanmeldung auch keine Gläubigerinteressen geben kann, die einer vorzeitigen Beendigung des Restschuldbefreiungsverfahrens entgegen stehen.

Gläubiger, die nicht am Insolvenzverfahren teilnehmen, können nach der Systematik der Insolvenzordnung auch keine Versagungsanträge nach Schlusstermin mehr stellen.

Ohne die Möglichkeit der Versagung der Restschuldbefreiung besteht auch keine Notwendigkeit, den Schuldner zu zwingen, die hiermit korrespondierenden Obliegenheiten zu erfüllen.

Es wäre also unsinnig und beschränkt den Insolvenzschuldner unnötig in seinen Rechten die Wohlverhaltensperiode bis zum Ablauf der gesetzlichen Regelzeit von 6 Jahren weiterzuführen.

Insbesondere ist ja auch z.B. die Abführung von pfändbarem

Einkommen des Insolvenzschuldners sinnlos, wenn die Verfahrenskosten gedeckt sind und mangels Forderungsanmeldung die Beträge nicht zur Verteilung gelangen müssen.

Verfahrenskosten fallen in unserem Beispiel in Höhe von rund 1.400,00 € an. Wenn der Betrag nicht schon durch pfändbares Einkommen im eröffneten Verfahren abgedeckt wurde, kann er z.B. durch die Hilfe von Freunden/Verwandten zur Verfügung gestellt werden.

Um zu erfahren, welche Verfahrenskosten in deinem Verfahren noch zur Zahlung offen sind, musst du zunächst die entsprechende Abrechnung vom Insolvenzgericht anfordern:

Musterschreiben an das Insolvenzgericht – **Übersendung Gerichtskostenrechnung** -:

Abs.: Beate Ohnemoos
Neustraße 3
12345 Sorgenstadt

An das Amtsgericht
- Insolvenzgericht –
Wunderland

Sorgenstadt, den 15.08.2014

Aktenzeichen: 456 IK 123/13

Sehr geehrte Damen und Herren,

in meinem Verfahren hat am 10.07.2014 der Schlusstermin stattgefunden und das Verfahren wurde inzwischen aufgehoben.
In meinem Verfahren hat nach Ihrer Mitteilung keiner meiner Gläubiger eine Forderung zur Insolvenztabelle angemeldet.
Mir ist bekannt, dass deswegen die Möglichkeit besteht, vorzeitig die Restschuldbefreiung zu erlangen, wenn die Verfahrenskosten gedeckt sind.
Ich möchte gerne versuchen, die Verfahrenskosten aus meinem pfändungsfreien Einkommen (in Raten) zu zahlen und bitte deshalb höflich um Übersendung der aktuellen Gerichtskostenrechnung und Mitteilung der entsprechenden Bankverbindung des Amtsgerichts / der Justizkasse.

Mit freundlichen Grüßen

Beate Ohnemoos

Das Gericht übersendet dir daraufhin eine Mitteilung über die offenen Verfahrenskosten, die z.B. so aussehen kann:

Beispiel für eine Gerichtskostenrechnung des Insolvenzgerichts:

Amtsgericht Wunderland
Wilhelmstraße 1-99
12354 Wunderland

Frau Beate Ohnemoos
Neustraße 3
12345 Sorgenstadt

Wunderland, 30.08.2014

Ihr Schreiben vom 15.08.2014
456 IK 123/13

Sehr geehrte Frau Ohnemoos,

auf Ihr o.g. Schreiben teilen wir Ihnen mit, dass die Kosten und Auslagen des Verfahrens einschließlich Verwaltervergütung und Veröffentlichungskosten 1.312,02 Euro betragen.

Hierauf wurde bislang ein Betrag in Höhe von 478,00 Euro gezahlt, so dass ein Betrag in Höhe von 834,02 Euro zur Zahlung offen steht.

Zahlungen bitte ich, auf das Konto der Gerichtskasse
Konto: 111213141 (IBAN: DE12 3456 7891 0111 2131 41)
BLZ: 345 678 91 (BIC: GEBODE10XXX)
bei der Gerichtsgebührenbank Wunderland

zu leisten.
Hierbei bitte ich zu beachten, dass Ratenzahlungen unter 20,00 € aufgrund des hohen Verwaltungsaufwands grundsätzlich nur in Ausnahmefällen akzeptiert werden.

Mit freundlichen Grüßen

Ganz-Korrekt
Rechtspfleger

Anlage: Gerichtskostenrechnung

Gerichtskostenrechnung:

2310 Verfahren über den Antrag der Schuldnerin auf Eröffnung des Insolvenzverfahrens, §§3, 34, 58 GKG , 0,5 Gebühren aus Wert 483,00 €	**17,50 €**
2320 Durchführung des Insolvenzverfahrens, §§3,34, 58 GKG 2,5 Gebühren aus Wert 483,00 €	**87,50 €**
9017 An Verwalter zu zahlende Beträge	**1.202,02 €**
9004 Bekanntmachungskosten	**5,00 €**
	1.312,02 €
anzurechnende Beträge	**- 478,00 €**
Bitte zahlen Sie	**834,02 €**

In unserem Beispielsfall wären also noch 834,02 € zu zahlen, für die du jetzt überlegen müsstest, wie und in welchem Zeitraum du sie zahlen kannst.

Besteht die Möglichkeit, dass dir jemand den Betrag für diesen Zweck leiht (also als Darlehen zur Verfügung stellt) oder gar schenkt, wäre dies natürlich der kürzeste Weg.

Möchtest du die Kosten selber zahlen und ist dies nur in Form von Raten möglich, kommen noch weitere Kosten (Mindestvergütung des Treuhänders einmal jährlich) auf dich zu und du musst ausrechnen, ob du mit den Ratenzahlungen überhaupt einen echten Zeitgewinn erreichst.

Kannst du nämlich z.B. monatlich nur mit Mühe eine Rate in Höhe von 20,00 € aufbringen und gab es bislang keine Einnahmen im Verfahren, müsstest du für die Verfahrenskosten in Höhe von ca. 1.400,00 € 70 Monate zahlen, was bei einer Gesamtdauer des Verfahrens von normalerweise 72 Monaten gar keinen Sinn macht!

Schaffst du aber eine (recht) schnelle Zahlung, kannst du den Antrag auf vorzeitige Restschuldbefreiung stellen.

Der ist zwar nach Auffassung des Bundesgerichtshofs regelmäßig vom ursprünglichen Antrag gem. §287 InsO umfasst, aber besser stellst du ihn ausdrücklich (auch um die Entscheidung zu beschleunigen):

Musterschreiben an das Insolvenzgericht – **Antrag auf vorzeitige Restschuldbefreiung nach Zahlung der Kosten -**:

Abs.: Beate Ohnemoos
Neustraße 3
12345 Sorgenstadt

An das Amtsgericht
- Insolvenzgericht –
Wunderland

Sorgenstadt, den 29.11.2014

Aktenzeichen: 456 IK 123/13

Sehr geehrte Damen und Herren,

in meinem Verfahren habe ich inzwischen die mitgeteilten Verfahrenskosten in Höhe von 1.312,02 € gem. den in Kopie beigefügten Überweisungsbelegen vollständig gezahlt.
Forderungsanmeldungen meiner Gläubiger im Insolvenzverfahren erfolgten nicht.

Ich beantrage daher unter Hinweis auf die entsprechende Entscheidung des Bundesgerichtshofs, mir vorzeitig die Restschuldbefreiung zu erteilen und mir den entsprechenden Beschluss zeitnah zukommen zu lassen, damit ich die Löschung aus den Schuldnerregistern beantragen kann.

Mit freundlichen Grüßen

Beate Ohnemoos

Gibt es keine Gründe für eine Versagung der Restschuldbefreiung ergeht dann der Beschluss des Insolvenzgerichts über die vorzeitige Erteilung der Restschuldbefreiung, der so aussehen kann:

Beschluss des Insolvenzgerichts über die vorzeitige Erteilung der Restschuldbefreiung:

- Ausfertigung/Abschrift - **Amtsgericht Wunderland** **Insolvenzgericht** **Geschäfts-Nr.: 456 IK 123/ 13** **(bitte stets angeben)** **Beschluss** In dem Verbraucherinsolvenzverfahren über das Vermögen der Beate Ohnemoos geb. Unbesorgt, Neustraße 3, 12345 Sorgenstadt Verfahrensbevollmächtiger: Rechtsanwalt I. Hilfreich, Querstraße 2, 12345 Sorgenstadt	
wird 1. der Schuldnerin auf Ihren Antrag vom 29.11.2014 hin vorzeitig die Restschuldbefreiung erteilt;	➔ Hurra! Geschafft!
2. die Wohlverhaltensperiode vorzeitig beendet. 3. Die Laufzeit der Abtretungserklärung, das Amt des Treuhänders und die Beschränkung der Rechte der Gläubiger enden mit Rechtskraft dieser Entscheidung. Die Restschuldbefreiung wirkt gegen alle Insolvenzgläubiger, auch solche, die ihre Forderungen nicht angemeldet haben (§§301,38 InsO). Von der Restschuldbefreiung nicht umfasst werden die ausgenommenen Forderungen gem. §302 InsO.	➔ z.B. rückständiger Kindesunterhalt, Forderungen aus Betrug, Körperverletzung; Geldstrafen.
Gründe: Forderungsanmeldungen zur Insolvenztabelle erfolgten nicht; die Gerichtskosten sind vollständig gedeckt. Die Wohlverhaltensperiode kann daher vorzeitig beendet werden. Der Schuldnerin ist daher antragsgemäß Restschuldbefreiung zu erteilen. . Ganz-Korrekt Rechtspfleger ausgefertigt Wunderland, den 10.07.2014 (Stempel Amtsgericht) Kunze, Justizangestellter als Urkundsbeamter der Geschäftsstelle	

Checkliste:

1. Was musst du tun, um diese Möglichkeit zu nutzen?

- Herausfinden, ob Gläubiger ihre Forderungen im Verfahren zur Insolvenztabelle angemeldet haben sortieren, und wenn nicht

- die Höhe der offenen Verfahrenskosten erfragen,

- diese zahlen und

- schließlich den Antrag auf vorzeitige Restschuldbefreiung stellen.

2. Was ist die Rechtsfolge
frühe Erteilung der Restschuldbefreiung durch das Insolvenzgericht

3. Was kostet dich diese Regelung insgesamt?
Höhe der bis zur Entscheidung angefallenen Gerichtskosten und Gebühren des Insolvenzverwalters / Treuhänders

4. Wenn erfolgreich, was noch zu veranlassen?

Erledigungsvermerk / Löschung SCHUFA + Schuldnerkartei

Möglichkeit 8: Erledigung sämtlicher Forderungen gem. Schlussverzeichnis + Zahlung der Kosten

Ähnlich wie bei der Möglichkeit 6.) besteht auch nach Durchführung des Schlusstermins die Möglichkeit, das Verfahren abzukürzen, indem man sich dann mit den Gläubigern, deren Forderungen im Schlussverzeichnis aufgenommen und festgestellt wurden einigt oder deren Forderungen sogar ganz begleicht.

Gelingt dies, kann die vorzeitige Erteilung der Restschuldbefreiung beantragt werden (statt Einstellung des Verfahrens wie unter 6.).

Die hier vorgestellte Möglichkeit basiert ursprünglich auf einer Entscheidung des Bundesgerichtshofs, nach der die vorzeitige Erteilung der Restschuldbefreiung ausgesprochen werden kann, wenn die Forderungen der Gläubiger gem. Schlussverzeichnis erledigt sind.

Als „Erledigung" wurde dabei nach dieser Auffassung zunächst nur die **vollständige** Zahlung gewertet:

In unserem Beispielsfall müsste demnach ein Betrag in Höhe von insgesamt 19.885,14 € (festgestellte Forderungen gem. Schlussverzeichnis) zzgl. Verfahrenskosten gezahlt werden!

Dieser Fall kann z.B. bei regelmäßigem hohem pfändbaren Arbeitseinkommen eintreten. Sammelt der Treuhänder im Laufe der Zeit ausreichende Beträge, um sämtliche Forderungen zu begleichen, wirst du hierüber informiert:

Beispiel für eine Mitteilung des Treuhänders über die vollständige Zahlung:

StB A. Wissend, Postallee 3, 12345 Sorgenstadt

Tel.: 01234-56789
Fax: 01234-5678910
E-Mail: info@kanzlei-wissend.de

Frau Beate Ohnemoos
Neustraße 3
12345 Sorgenstadt

Sorgenstadt, 28.04.2017

Ihr Insolvenzverfahren

Sehr geehrte Frau Ohnemoos,

in Ihrem sind die Verfahrenskosten nach Mitteilung des Gerichts bislang ausgeglichen. Die Gläubiger im Insolvenzverfahren hatten noch einen Betrag in Höhe von 259,68 € zu erhalten, der heute zur Verteilung gelangt ist.
Auf dem Anderkonto ergibt sich daher ein aktuelles Guthaben in Höhe von 754,73 €.
Das Insolvenzgericht wurde um Mitteilung gebeten, ob dort noch weitere Verfahrenskosten offen stehen.

Nach der Rechtsprechung des Bundesgerichtshofs vom 17.03.2005, AZ. IX ZB 214/04 kann die Wohlverhaltensphase **auf Antrag des Schuldners** vorzeitig beendet und die Restschuldbefreiung ausgesprochen werden, wenn wie vorliegend die Verfahrenskosten und sämtliche Gläubiger befriedigt sind.

Sofern Sie diese vorzeitige Restschuldbefreiung wünschen, können Sie also nunmehr einen entsprechenden Antrag bei dem Insolvenzgericht Mayen stellen.

Bis zu der gerichtlichen Entscheidung wird das pfändbare Arbeitseinkommen weiterhin zur Insolvenzmasse gezogen und auf dem Treuhandkonto zurückgestellt.

Mit freundlichen Grüßen

Steuerberaterin A. Wissend
als Treuhänderin

Erhältst du eine solche Mitteilung, kannst du ohne Weiteres einen Antrag auf vorzeitige Restschuldbefreiung bei dem Insolvenzgericht stellen:

Musterschreiben an das Insolvenzgericht – **Antrag auf vorzeitige Restschuldbefreiung nach Ausgleich aller Forderungen gem. Schlussverzeichnis -**:

Abs.: Beate Ohnemoos
Neustraße 3
12345 Sorgenstadt

An das Amtsgericht
- Insolvenzgericht –
Wunderland

Sorgenstadt, den 05.06.2017

Aktenzeichen: 456 IK 123/13

Sehr geehrte Damen und Herren,

in meinem Verfahren hat die Treuhänderin mir mitgeteilt, dass zwischenzeitlich sämtliche Forderungen gem. Schlussverzeichnis sowie die Verfahrenskosten vollständig gezahlt sind.
Das entsprechende Schreiben der Treuhänderin vom 28.04.2017 ist in Kopie beigefügt.

Ich beantrage daher, mir vorzeitig die Restschuldbefreiung zu erteilen und mir den entsprechenden Beschluss zeitnah zukommen zu lassen, damit ich die Löschung aus den Schuldnerregistern beantragen kann.

Mit freundlichen Grüßen

Beate Ohnemoos

In diesem Fall ergeht kurzfristig der Beschluss über die vorzeitige Restschuldbefreiung:

Beschluss des Insolvenzgerichts über die <u>vorzeitige Erteilung der Restschuldbefreiung</u>:

- Ausfertigung/Abschrift -

Amtsgericht Wunderland
Insolvenzgericht
Geschäfts-Nr.: 456 IK 123/ 13
(bitte stets angeben)

Beschluss

In dem Verbraucherinsolvenzverfahren
über das Vermögen der
Beate Ohnemoos geb. Unbesorgt, Neustraße 3, 12345 Sorgenstadt

Verfahrensbevollmächtiger:
Rechtsanwalt I. Hilfreich, Querstraße 2, 12345 Sorgenstadt

wird
1. der Schuldnerin auf Ihren Antrag vom 05.06.2017 hin vorzeitig die Restschuldbefreiung erteilt;
2. die Wohlverhaltensperiode vorzeitig beendet.
3. Die Laufzeit der Abtretungserklärung, das Amt des Treuhänders und die Beschränkung der Rechte der Gläubiger enden mit Rechtskraft dieser Entscheidung.

Die Restschuldbefreiung wirkt gegen alle Insolvenzgläubiger, auch solche, die ihre Forderungen nicht angemeldet haben (§§301,38 InsO).
Von der Restschuldbefreiung nicht umfasst werden die ausgenommenen Forderungen gem. §302 InsO.

<u>Gründe:</u>
Der Treuhänder hat mitgeteilt, dass die Insolvenzgläubiger zu 100% befriedigt werden konnten.
Die Verteilung der Insolvenzmasse ist nachgewiesen. Die Gerichtskosten sind ebenfalls gedeckt.
Die Belege zum Nachweis der erfolgten Verteilung liegen auf der Geschäftsstelle des Insolvenzgerichts für einen Zeitraum von zwei Wochen zur Einsicht der Beteiligten aus.

Ganz-Korrekt
Rechtspfleger

ausgefertigt
Wunderland, den 10.07.2014

Stempel
Amtsgeric
ht

Kunze, Justizangestellter
als Urkundsbeamter der Geschäftsstelle

Als „Erledigung" der Forderungen kann nach der weiteren Rechtsprechung des Bundesgerichtshofs (BGH IX ZB 219/10 darüber hinaus aber auch eine Teilzahlung bei gleichzeitigem Teilverzicht der Gläubiger auf den Rest ihrer Forderungen (vgl. 6.!) gelten:

„Die vorzeitige Erteilung der Restschuldbefreiung ist auch möglich, wenn die am Insolvenzverfahren teilnehmenden Gläubiger nur teilweise befriedigt werden und die Restforderungen im Übrigen erlassen werden. Die vorzeitige Restschuldbefreiung wirkt auch gegenüber Gläubigern, die sich nicht am Verfahren beteiligt haben".

Du hast also auch hierdurch **wiederum die Möglichkeit, dich parallel zum laufenden Verfahren mit deinen Gläubigern auf eine Teilzahlung zu einigen und dann die vorzeitige Restschuldbefreiung zu erlangen!**

Diese Möglichkeit hat z.B. auch gegenüber der vom Gesetzgeber neu geschaffenen Möglichkeit 10.) deutliche Vorteile:

1. Sie gilt auch weiterhin für Verfahren, die vor dem 01.07.2014 eröffnet wurden.

2. Sie ist in vielen Fällen deutlich „preiswerter" als die gesetzliche Mindestquote von 35 % und

3. sie kann bei Erfüllung der Voraussetzungen auch schon vor Ablauf von 3 Jahren des Verfahrens zu dessen Ende führen.

Allerdings bist du im Gegensatz zur Möglichkeit 10.) hier auch wieder von der Zustimmung deiner Gläubiger abhängig. Erklären sich diese mit einer Einigung nicht einverstanden, kannst du die vorzeitige Restschuldbefreiung nicht „erzwingen".

Musterschreiben an die Gläubiger – **Unterbreitung eines Einigungsvorschlags** -:

Abs.: Beate Ohnemoos
Neustraße 3
12345 Sorgenstadt

Anna-Versand GmbH
Parkettstraße 1-99
56789 Oberburg

Sorgenstadt, den 15.05.2017

Ihr Zeichen: Rg. 99-100-123456
Warenlieferungen

Sehr geehrte Damen und Herren,

wie Sie wissen, läuft seit dem 01.01.2014 bei dem Amtsgericht Wunderland unter Aktenzeichen 456 IK 123/13 das Insolvenzverfahren über mein Vermögen.
Im Falle der Erteilung der Restschuldbefreiung wirkt diese auch gegenüber Ihrer Forderung aus der o.g. Rechnung.
Ich möchte Ihnen hiermit ein Zahlungsangebot unterbreiten, um das Insolvenzverfahren vorzeitig mit Erteilung der Restschuldbefreiung zu beenden.

Ich habe die Zusage eines Freundes / Verwandten / Dritten erhalten, mir einen Betrag in Höhe von **insgesamt 5.000,00 € ausschließlich zum Zweck der vorzeitigen Beendigung des Insolvenzverfahrens** zur Verfügung zu stellen.

Dieser Betrag soll nun nach den prozentualen Anteilen der einzelnen Gläubigerforderungen an meinen Gesamtverbindlichkeiten ausgezahlt werden.
Ausweislich des beigefügten Zahlungsplans betrüge Ihr Anteil einen Betrag in Höhe von 165,50 € (Quote: **19,81 %).**

Die Auszahlung steht allerdings unter der Bedingung, dass alle Gläubiger
- der Einigung und Auszahlung zustimmen;
- auf weitergehende Forderungen verzichten;
- im Anschluss an die erfolgte Zahlung die vorliegenden Zahlungstitel an mich herausgeben;
- die Forderungen damit ausdrücklich für erledigt erklären und
- ihre Forderungsanmeldung gegenüber dem Insolvenzgericht zurücknehmen

Sofern ein Gläubiger seine Zustimmung zu den genannten Bedingungen verweigert, wird dieses Zahlungsangebot hinfällig und es kann keine Zahlung erfolgen!

In diesem Fall wird das Insolvenzverfahren regulär fortgesetzt mit der Folge, dass mit Blick auf mein Einkommen die Zahlung auch nur eines geringen Betrages an die Gläubiger unwahrscheinlich ist. Dies entspricht auch der Prognose des eingesetzten Treuhänders gem. dessen in Kopie beigefügten Bericht an das Insolvenzgericht vom 11.02.2014 sowie nachfolgender Zwischenberichte.

Mir ist an einer Einigung und insbesondere einer Zahlung an meine Gläubiger sehr gelegen, so dass ich um wohlwollende Prüfung meines Zahlungsvorschlages bitte.

Ich bitte um kurzfristige schriftliche Stellungnahme bis zum 31.05.2014, damit für alle Beteiligten schnell Sicherheit über den weiteren Ablauf geschaffen werden kann.

Mit freundlichen Grüßen

Beate Ohnemoos

Anlagen:
Zalungsplan
Rückantwortschreiben

Zahlungsplan:

Lfd. Nr.	Gläubiger	Vertreter	Angemeldete Forderung in EUR	Zahlungsangebot gem. Vergleichsvorschlag in EUR
0/1	Ziel-Bank AG Harry-Wijnford-Platz 1 98765 Lustighafen	-	9.837,95	**1.948,96**
0/2	Anna-Versand GmbH Paketstraße 1-99 56789 Oberburg	Oberburg Inkasso Fährtenweg 1 56789 Oberburg	835,40	**165,50**
0/3	Superphone GmbH Lange Leitung 3 69875 Funkloch	-	1387,66	**274,91**
0/4	Saft-Kraft-Energie AG Tief im Westen 10 75689 Kernschmelz	Rechtsanwälte Mau Flaute 9 75689 Kernschmelz	451,39	**89,42**
0/5	Sparkasse Sorgenstadt Schöne Aussicht 1 12345 Sorgenstadt	Soft Inkasso GmbH Blaue Meile 8 12345 Sorgenstadt	10.891,33	**2.157,64**
0/6	Autohaus H. Blechle Rennstrecke 1 54321 Autostadt	Rechtsanwalt Laut Oberwasser 13 54321 Autostadt	1.464,72	**290,17**
0/7	Hans Grummel Villa Berg 1 12345 Sorgenstadt	-	370,50	**73,40**
			25.238,95	5.000,00

Rückantwortschreiben:

„Dem Schuldenbereinigungsplan vom 15.05.2014 mit den darin genannten Bedingungen wird

[ ] zugestimmt.
Nach erfolgter Auszahlung wird der vorzeitigen Beendigung des Insolvenzverfahrens und Erteilung der Restschuldbefreiung sowie Löschung aus den Schuldnerkarteien zugestimmt und auf die weitergehenden Forderungen verzichtet.
Die Forderungsanmeldung im Insolvenzverfahren wird dann ausdrücklich zurück genommen.

[ ] nicht zugestimmt.
Das Insolvenzverfahren soll regulär nach den gesetzlichen Bestimmungen weiter geführt werden.

Die Aussichten, mit dieser Methode auch mit nur einem recht kleinen Zahlbetrag eine Einigung zu erzielen, sind gut: ein kleiner Geldbetrag verteilt auf deutlich weniger Gläubiger als ursprünglich ergibt eine bessere Zahlungsquote für die beteiligten Gläubiger!

Erklären sich deine Gläubiger schriftlich einverstanden und hast du die entsprechende Zahlung geleistet, kannst du den Antrag auf vorzeitige Restschuldbefreiung bei dem Insolvenzgericht stellen:

Musterschreiben an das Insolvenzgericht – **Antrag auf vorzeitige Restschuldbefreiung mit Nachweis über die Einigung und Zahlung**-:

Abs.: Beate Ohnemoos
Neustraße 3
12345 Sorgenstadt

Insolvenzgericht Wunderland
...

Sorgenstadt, den 15.06.2017

Ihr Zeichen: Rg. 99-100-123456
Warenlieferungen

Sehr geehrte Damen und Herren,

in o.g. Verfahren habe ich erfolgreich einen außergerichtlichen Einigungsversuch mit den Gläubigern zur vorzeitigen Beendigung des Insolvenzverfahrens durchgeführt.
Beigefügt erhalten Sie den Nachweis, dass alle Gläubiger gem. Schlussverzeichnis dem außergerichtlichen Vergleich inkl. Teilerlass der Forderungen zugestimmt haben.
Die entsprechende Zahlung ist erfolgt, der Zahlungsnachweis ist beigefügt.

Unter Hinweis auf die Entscheidung des Bundesgerichtshofs unter Aktenzeichen IX ZB 219/10 beantrage ich daher die vorzeitige Erteilung der Restschuldbefreiung.

Mit freundlichen Grüßen

Beate Ohnemoos

Anlagen:
Zahlungsplan in Kopie
Zustimmungsschreiben aller Gläubiger im Original
Zahlungsnachweis

Beschluss des Insolvenzgerichts über die vorzeitige Erteilung der Restschuldbefreiung:

- Ausfertigung/Abschrift -

Amtsgericht Wunderland
Insolvenzgericht
Geschäfts-Nr.: 456 IK 123/ 13
(bitte stets angeben)

Beschluss

In dem Verbraucherinsolvenzverfahren
über das Vermögen der
Beate Ohnemoos geb. Unbesorgt, Neustraße 3, 12345 Sorgenstadt

Verfahrensbevollmächtiger:
Rechtsanwalt I. Hilfreich, Querstraße 2, 12345 Sorgenstadt

wird
1. der Schuldnerin auf Ihren Antrag vom 15.06.2017 hin vorzeitig die Restschuldbefreiung erteilt;
2. die Wohlverhaltensperiode vorzeitig beendet.
3. Die Laufzeit der Abtretungserklärung, das Amt des Treuhänders und die Beschränkung der Rechte der Gläubiger enden mit Rechtskraft dieser Entscheidung.

Die Restschuldbefreiung wirkt gegen alle Insolvenzgläubiger, auch solche, die ihre Forderungen nicht angemeldet haben (§§301,38 InsO).
Von der Restschuldbefreiung nicht umfasst werden die ausgenommenen Forderungen gem. §302 InsO.

Gründe:
Sämtliche Forderungen gem. Schlussverzeichnis sind erledigt sowie die Verfahrenskosten vollständig gezahlt. und die Schuldnerin hat den Antrag auf vorzeitige Restschuldbefreiung gestellt.
Gem. Entscheidung des Bundesgerichtshofs unter AZ. IX ZB 219/10 kann die Wohlverhaltensphase auf Antrag des Schuldners vorzeitig beendet und die Restschuldbefreiung ausgesprochen werden, wenn wie vorliegend die Verfahrenskosten und sämtliche Gläubiger erledigt sind.
Die Wohlverhaltensperiode kann daher vorzeitig beendet werden.
Der Schuldnerin ist daher antragsgemäß Restschuldbefreiung zu erteilen.
.

Ganz-Korrekt
Rechtspfleger

Stempel
Amtsgericht

ausgefertigt
Wunderland, den 10.07.2014

Kunze, Justizangestellter
als Urkundsbeamter der Geschäftsstelle

Checkliste:

1. **Was musst du tun, um diese Möglichkeit zu nutzen?**

- Teilbetrag zur Zahlung an die Gläubiger anbieten können

- Vergleich (Teilzahlung + Teilerlass der Forderungen) anbieten für alle

- Einigung mit allen Gläubigern gem. Schlussverzeichnis erzielen

- Vergleich erfüllen (Vergleichsbetrag zahlen)

- Antrag auf vorzeitige Restschuldbefreiung stellen

2. **Was ist die Rechtsfolge**

umfassende Restschuldbefreiung für alle Forderungen, die vor Eröffnung des Insolvenzverfahrens bestanden haben

3. **Was kostet dich diese Regelung insgesamt?**

- Einigungsbetrag
- ggf. Gebühren RA
- Kosten des Insolvenzverfahrens

4. **Wenn erfolgreich, was noch zu veranlassen?**

- rechtskräftigen Beschluss über Restschuldbefreiung abwarten
- Erledigungsvermerk / Löschung SCHUFA + Schuldnerkartei

E) Vor Ablauf der 6-jährigen Wohlverhaltensperiode
(Verfahren mit Antragstellung ab 01.07.2014)

Möglichkeit 9: Deckung von 35% der Forderungen + Zahlung der Kosten

Nach jahrelangen Diskussionen und immer wieder erfolgten Änderungen in den Entwürfen, hat der Gesetzgeber beschlossen, für **Insolvenzverfahren, die ab dem 01.07.2014 eröffnet werden,** nun auch ausdrücklich Abkürzungen im Insolvenzverfahren zuzulassen.

Diese Änderung wurde – aufgrund entsprechender Pressemeldungen – in der Öffentlichkeit weit verbreitet bekannt und zum Teil „bejubelt".

Von den vielen Änderungen (und Voraussetzungen, damit diese überhaupt im Einzelfall zutreffen) wurde vor allem wahrgenommen, dass nun für Privatpersonen die Möglichkeit besteht, in 3 statt in 6 Jahren schuldenfrei zu werden.

Und so, wie auf der einen Seite viele verschuldete Personen begeistert waren, vielleicht schneller zum wirtschaftlichen Neustart zu gelangen, waren auf der anderen Seite viele Gläubiger wütend, weil sie vermuten, dass der missbräuchlichen Nutzung dieser Möglichkeit Tot und Tür geöffnet werde.

Schnell war die Rede von vielen unredlichen Schuldner, die nun völlig planmäßig in die Insolvenz gehen und mit Hilfe der neuen Rechtslage dem Gläubigerzugriff auch schnell wieder entkommen könnten.

Dabei wurde in der öffentlichen Wahrnehmung oft übersehen, dass es für diese frühe Restschuldbefreiung durchaus hohe Hürden zu meistern gilt und dass dies auch nur mit einem Mittelaufwand möglich ist, der die wirtschaftlichen Fähigkeiten der meisten Betroffenen deutlich übersteigt.

Das Gesetz (§300 Abs. 1 S. 1 Nr. 2 InsO) sieht nämlich vor, dass ein Schuldner

- <u>frühestens</u> nach 3 Jahren ab Eröffnung des Insolvenzverfahrens die Restschuldbefreiung erlangen kann, wenn
- <u>sämtliche Verfahrenskosten vollständig gezahlt sind</u> **UND**
- <u>auf die angemeldeten und zur Tabelle festgestellten Gläubigerforderungen eine Zahlungsquote von mindestens 35% ausgeschüttet wurde</u> **UND**
- ein <u>Nachweis über die „einwandfreie" Herkunft der Zahlungsmittel vorgelegt wird</u>.

Dabei ist offensichtlich, dass dies für viele Betroffene schlichtweg nicht machbar ist.

Und die Gläubiger, die über diese Regelung zunächst oft empört waren, erhalten eine gegenüber dem Normalfall von 0-5 % Zahlungsquote um ein vielfaches verbesserte Stellung!

Die von vielen Schuldnern begeistert zur Kenntnis genommene Möglichkeit stellt also vor allem eine deutliche Verbesserung für die Gläubiger dar.

Für die Schuldner ist die Möglichkeit zunächst eigentlich eher unattraktiv: falls nämlich <u>absehbar</u> (Lohnerhöhung, Erbe, Schenkung, etc.) so viele Mittel zur Verfügung stehen, wird jede seriöse Schuldnerberatungsstelle es erst gar nicht auf das

Insolvenzverfahren ankommen lassen, sondern sofort einen Zahlungsvergleich mit den Gläubigern aushandeln.

Auch ein Insolvenzplan (Möglichkeit 8) wäre dann eindeutig die bessere Alternative.

Diese direkt nach Bekanntwerden „populär" gewordene neue Möglichkeit ist also für die Betroffenen nach bisheriger Einschätzung nur dann günstig, wenn durch kontinuierliches pfändbares Einkommen so oder so regelmäßig Beträge an den Verwalter fließen oder ein unerwarteter Vermögenszuwachs eintritt und es dem Betroffenen explizit auf die Erteilung der Restschuldbefreiung ankommt statt auf eine Einstellung des Verfahrens.

Ob und in welchen Fällen die Möglichkeit also tatsächlich umgesetzt wird, wird sich frühestens im Jahr 2017 für die ersten Fälle zeigen.

Zur Beruhigung der Gläubiger (die mit dieser Möglichkeit wie gesagt sowieso deutlich besser gestellt werden als im „normalen" Ablauf des Insolvenzverfahrens) wurde eingeführt, dass der Betroffene über Mittel, die sein pfändbares Einkommen übersteigen, einen Nachweis führen muss, dass diese nicht zuvor von ihm verschoben oder verheimlicht wurden.

Damit sollen vermieden werden, dass „gerissene" Schuldner vor dem Verfahren Vermögenswerte auf Dritte übertragen oder vor dem Insolvenzverwalter verheimlichen, um damit die Quote zu erfüllen und schneller aus dem Verfahren zu sein.

Unabhängig davon, dass jeder Insolvenzschuldner durch solche Unehrlichkeit jederzeit die Versagung der Restschuldbefreiung riskiert, besitzt doch wohl auch die ganz überwiegende Mehrheit der Betroffenen auch nicht ansatzweise die entsprechende kriminelle Energie, um solche Betrugsversuche zu starten.

Dennoch ist diese „Missbrauchskontrolle" nun vorgesehen.

Wer diese Möglichkeit der Verkürzung in Anspruch nehmen möchte, muss sich wiederum erst einmal einen Überblick über den bisherigen Zahlungsverlauf im Verfahren verschaffen, um die (weiteren) notwendigen Mittel berechnen zu können.

Ich habe für die nachfolgenden Schreiben das bisherige Beispiel beibehalten, auch wenn es nicht ab dem 01.07.2014 eröffnet wurde und daher die Möglichkeit 9 für Beate Ohnemoos eigentlich nicht gegeben wäre. Dies einfach um, in der Systematik zu bleiben und um die Vorlagen einfach für dich zu formulieren.

Musterschreiben an den Treuhänder zur – Kopie Rechnungslegung + Verteilungsverzeichnis - :

Abs.: Beate Ohnemoos
Neustraße 3
12345 Sorgenstadt

An Frau StB A. Wissend
Postallee 3
12345 Sorgenstadt

Sorgenstadt, den 15.04.2017

Aktenzeichen: 456 IK 123/13 Amtsgericht Wunderland

Sehr geehrte Frau Wissend,

in meinem Verfahren haben Sie seit Eröffnung des Verfahrens ausweislich meiner Lohnabrechnungen aufgrund der Abtretungserklärung gem. §287 InsO regelmäßig pfändbare Beträge erhalten.
Mir ist bekannt, dass Sie hierüber und über die Verwendung des Geldes gegenüber dem Insolvenzgericht einmal jährlich Rechnung legen müssen.
Ich bitte daher für meine Unterlagen um Übersendung einer Aufstellung der bisher vereinnahmten Beträge, der hiervon abgezogener Kosten sowie erfolgter Verteilungen an die Gläubiger, damit ich prüfen kann, ob für mich die Verkürzungsmöglichkeit gem. §300 Abs. 1 S. 1 Nr. 2 InsO in Betracht kommt.

Mit freundlichen Grüßen

Beate Ohnemoos

Beispiel für eine Abrechnung über die Einnahmen und Verteilung durch den Treuhänder

StB A. Wissend, Postallee 3, 12345 Sorgenstadt

Tel.: 01234-56789
Fax: 01234-5678910
E-Mail: info@kanzlei-wissend.de

Frau Beate Ohnemoos
Neustraße 3
12345 Sorgenstadt

Sorgenstadt, 28.04.2017

Ihr Insolvenzverfahren

Sehr geehrte Frau Ohnemoos,

in Ihrem Verfahren teile ich auf Ihr Schreiben vom 15.04.2014 die bisherigen Abrechnungsbeträge im Verfahren wie folgt mit:

1. Einnahmen gem. Schlussrechnung vom 08.06.2014	**483,00 €**
2. pfändbares Einkommen September 2014 bis April 2017 (monatlicher Pfändungsbetrag von 257,02 € x 32 Monate)	**8.224,64 €**
Summe	**8.707,64 €**
abzüglich Kontoführungsgebühren in Höhe von insgesamt	**– 15,00 €**
abzüglich Verfahrenskosten für das eröffnete Verfahren	**– 1.312,02 €**
abzüglich Vorschuss Mindestvergütung des Treuhänders	**- 357,00 €**
Summe zur Verteilung an die Gläubiger	**7.023,62 €**

Der Betrag in Höhe von 7.023,62 € ist vollständig an die Gläubiger gem. Schlussverzeichnis zur Verteilung gelangt (Verteilungsquote: 35,32 %).

Mit freundlichen Grüßen

Steuerberaterin A. Wissend
als Treuhänderin

Der notwendige Geldbetrag, um die 35%-Quote zu erfüllen, ist grundsätzlich abhängig von der Summe der angemeldeten und festgestellten Forderungen der Gläubiger (Schlussverzeichnis).

In unserem Beispiel wurden im Schlussverzeichnis Forderungen von 6 Gläubigern in Höhe von insgesamt 19.885,14 € festgestellt.

Hiervon 35 % sind also	**6.959,80 €.**
Hinzu kommen Verfahrenskosten in Höhe von ca.	**1.327,02 €.**
Und die Mindestvergütung des Treuhänders von mind.	**357,00 €.**
Gesamtsumme	**8. 643,82 €**

Dieser Betrag müsste also in den ersten 3 Jahren des Verfahrens mindestens an den Insolvenzverwalter / Treuhänder fließen, um in unserem Beispielsfall die Voraussetzungen der Verkürzung des Verfahrens auf 3 Jahre zu erfüllen.

Im Vergleich zur Ursprungsverschuldung von insgesamt 36.563,95 € erscheint das zwar wenig (23,64 %), aber dennoch ist es ein großer Betrag, der erst einmal zur Verfügung stehen muss, um in den Genuss des deutlich verkürzten Verfahrens zu kommen!

Dies dürfte in der Praxis nur in verhältnismäßig wenigen Fällen zu erreichen sein.

Besteht die Möglichkeit im Vorfeld des Insolvenzverfahrens auch nur ansatzweise einen solchen Betrag zur Verfügung gestellt zu bekommen, ist es sinnvoller und aussichtsreich, hiermit die außergerichtliche Schuldenregulierung durchzuführen und damit die Verfahrenskosten und Einschränkungen des Insolvenzverfahrens zu vermeiden.

Hätten nämlich alle Gläubiger ihre Forderungen angemeldet und wären diese auch in voller Höhe festgestellt worden, wird deutlich, wie unrealistisch die vom Gesetzgeber „großzügig" eingeräumte Möglichkeit ist:

35 % von 36.563,95 € = **12.797,38 €**

Hinzu kommen dann in der Regel

- höhere Verfahrenskosten, da mehr Gläubiger angemeldet haben sowie
- eine höhere Vergütung des Verwalters aufgrund höherer Einnahmen , also **ca. 2.000,00 €** und
- eine höhere Treuhändervergütung aufgrund höherer Einnahmen = ca. **1.000,00 €**

Insgesamt müsste dann schon ein Betrag in Höhe von ca. **15.797,38 €** (43,24 % der Gesamtverschuldung) zur Verfügung stehen!

Der Blick allein auf die 35%-Quote täuscht also sehr: aufgrund verschiedener Erhöhungsfaktoren bei den Verfahrenskosten muss man vorab realistisch eine Zahlung in Höhe von rund 50 % von Ursprungsverschuldung planen, um in den Genuss der Verkürzung zu kommen.

Die „Faustformel" lautet also: Zahlung von rund der **Hälfte** der ursprünglichen Schulden, um in der **Hälfte** der Zeit die Restschuldbefreiung zu erlangen.

All dies macht es eher unwahrscheinlich, dass diese neu geschaffene Möglichkeit tatsächlich in der Praxis auch häufig in Anspruch genommen wird, auch weil z.B. die Möglichkeit 8.) demgegenüber deutlich attraktiver für viele Betroffene ist.

Diese neu eingeführte Möglichkeit wird also vor allem die Fälle betreffen, wo während des laufenden Insolvenzverfahrens **<u>unerwartet</u>** entweder eine deutliche Verbesserung des Einkommens oder aber ein seltener Glücksfall wie Lottogewinn, Erbschaft oder plötzliche Großzügigkeit Dritter eintreten.

Gleichzeitig gleicht die Möglichkeit 10.) aber eine zuvor in einigen Fällen empfundene „Ungerechtigkeit" aus: ich habe es in diversen Insolvenzverfahren erlebt, dass Betroffen trotz regelmäßig anfallenden hohen Pfändungsbeträgen aus ihrem Arbeitseinkommen und damit letztlich einer Erfüllung von oft 50 - 100 % der gesamten Forderungshöhe „genauso" 6 Jahre lang im Verfahren „feststeckten" wie die Schuldner, aus deren Einkommen und Vermögen über den gesamten Zeitraum keinerlei Zahlung an die Gläubiger erfolgen konnte.

In solchen Fällen stellt natürlich die neue Möglichkeit, bereits nach 3 statt nach 6 Jahren die Restschuldbefreiung zu erlangen, tatsächlich eine deutliche Erleichterung dar.

Sind alle Voraussetzungen (Quote, Deckung der Verfahrenskosten, Herkunfsnachweis) erfüllt, kann der entsprechende Antrag auf Verkürzung bei dem Insolvenzgericht einreicht werden:

Musterschreiben an das Insolvenzgericht – **Antrag auf vorzeitige Restschuldbefreiung nach Zahlung der Verfahrenskosten und 35%-Quote an die Gläubiger -**:

Abs.: Beate Ohnemoos
Neustraße 3
12345 Sorgenstadt

An das Amtsgericht
- Insolvenzgericht –
Wunderland

Sorgenstadt, den 05.06.2017

Aktenzeichen: 456 IK 123/13

Sehr geehrte Damen und Herren,

in meinem Verfahren ist dem Insolvenzverwalter/Treuhänder in der Zwischenzeit ein Betrag zugeflossen, der nach Deckung der Verfahrenskosten eine Befriedigung der Forderungen der Insolvenzgläubiger in Höhe von mindestens 35 Prozent ermöglicht.
In meinem Verfahren wurden gemäß dem Schlussverzeichnis Forderungen in Höhe von 19.885,14 € zur Insolvenztabelle festgestellt. Hierauf konnte eine Zahlung in Höhe von 7.023,62 € (35,32 %) erfolgen gem. beigefügter Abrechnung der Treuhänderin vom 28.04.2017.

Der Betrag stammt aus meinen monatlich an den Insolvenzverwalter / Treuhänder geflossenen pfändbaren Einkommensanteilen, wie aus den dortigen Abrechnungen ersichtlich.

Alternativ
Die Zahlung an den Treuhänder stammt aus
- einem Lottogewinn (Abrechnung der Lottogesellschaft ist beigefügt)
/
- der bereits mitgeteilten Erbschaft meines Großvaters Theo Unbesorgt
/
- wird von meiner Tante Almuth Gutherz, Seligenstadt, aus Ihrem Vermögen zur Verfügung gestellt, ohne dass ich dies beeinflusst habe (die entsprechende Erklärung meiner Tante ist beigefügt).

Ich versichere ausdrücklich, dass diese Angaben vollständig und richtig sind.

Die mitgeteilten Verfahrenskosten sowie die Treuhändervergütung sind ebenfalls vollständig beglichen.

Ich beantrage daher gem. §300 Abs. 1 S. 2 Nr. 2 InsO, mir nach Ablauf von drei Jahren der Laufzeit der Abtretungserklärung die Restschuldbefreiung zu erteilen und mir den entsprechenden Beschluss zeitnah zukommen zu lassen, damit ich die Löschung aus den Schuldnerregistern beantragen kann.

Mit freundlichen Grüßen

Beate Ohnemoos

Anlage: Gewinnmitteilung Lottogesellschaft / Mitteilung über Erbschaft vom Nachlassgericht / Erklärung der Tante, dass das Geld aus ihren eigenen Mitteln stammt

Checkliste:

1. Was musst du tun, um diese Möglichkeit zu nutzen?

- Abrechnung von Insolvenzverwalter / Treuhänder anfordern,
- Überblick über sämtliche Zahlungen innerhalb des Insolvenzverfahrens verschaffen
- Ausrechnen, wann gesetzliche Quote erfüllt ist
- Antrag auf vorzeitige Erteilung der Restschuldbefreiung stellen

2. Was ist die Rechtsfolge

umfassende Restschuldbefreiung für alle Forderungen, die vor Eröffnung des Insolvenzverfahrens bestanden haben, frühestens 3 Jahre nach Insolvenzeröffnung

3. Was kostet dich diese Regelung insgesamt?

- ggf. Gebühren RA
- Mindestens 35%-Quote aller im Schlussverzeichnis erfassten Forderungen
- Kosten des Insolvenzverfahrens

4. Wenn erfolgreich, was noch zu veranlassen?

- rechtskräftigen Beschluss über Restschuldbefreiung abwarten
- Erledigungsvermerk / Löschung SCHUFA + Schuldnerkartei

Möglichkeit 10: Restschuldbefreiung nach 5 Jahren nach vollständiger Zahlung der Kosten

Für alle Insolvenzverfahren, die ab dem 01.07.2014 eröffnet werden, hat der Gesetzgeber nun eine weitere Möglichkeit geschaffen, die Regel-Laufzeit von 6 Jahren zu verkürzen: konnten keine Zahlungen an die Gläubiger erfolgen, aber die Verfahrenskosten wurden vollständig gezahlt, kann das Verfahren bereits nach 5 Jahren mit der Erteilung der Restschuldbefreiung abgeschlossen werden.

Dies ist also die realistische Abkürzungsmöglichkeit für alle, die weder über pfändbares Einkommen, verwertbare Vermögenswerte oder hilfreiche Freunde / Verwandte verfügen und trotzdem zumindest ein Jahr schneller aus dem Verfahren heraus wollen als sonst vorgesehen.

Wenn man diese Möglichkeit nutzen und dabei auch tatsächlich ein volles Jahr „gewinnen" möchte, muss auch das geplant und vorbereitet werden, damit die Voraussetzungen auch rechtzeitig erfüllt werden und das Gericht rechtzeitig die Restschuldbefreiung beschließen kann.

Die vorzeitige Erteilung der Restschuldbefreiung erfolgt nämlich wieder nicht automatisch, sondern nur auf Antrag und bei Erfüllung der Voraussetzungen.

Für dich bedeutet dass, dass du als Erstes – möglichst direkt nach dem durchgeführten Schlusstermin – bei dem Insolvenzgericht die **Gerichtskostenrechnung anfordern** solltest, um zu wissen, wie hoch die Verfahrenskosten sind und zu planen, wie sie vollständig gezahlt werden können.

Musterschreiben an das Insolvenzgericht – **Übersendung Gerichtskostenrechnung -**:

Abs.: Beate Ohnemoos
Neustraße 3
12345 Sorgenstadt

An das Amtsgericht
- Insolvenzgericht –
Wunderland

Sorgenstadt, den 15.08.2014

Aktenzeichen: 456 IK 123/13

Sehr geehrte Damen und Herren,

in meinem Verfahren hat am 10.07.2014 der Schlusstermin stattgefunden und das Verfahren wurde inzwischen aufgehoben.
Mir ist bekannt, dass die Möglichkeit besteht, bereits nach 5 Jahren die Restschuldbefreiung zu erlangen, wenn die Verfahrenskosten gedeckt sind.
Ich möchte gerne versuchen, die Verfahrenskosten aus meinem pfändungsfreien Einkommen (in Raten) zu zahlen und bitte deshalb höflich um Übersendung der aktuellen Gerichtskostenrechnung und Mitteilung der entsprechenden Bankverbindung des Amtsgerichts / der Justizkasse.

Mit freundlichen Grüßen

Beate Ohnemoos

Beispiel für eine Gerichtskostenrechnung des Insolvenzgerichts:

Amtsgericht Wunderland
Wilhelmstraße 1-99
12354 Wunderland

Frau Beate Ohnemoos
Neustraße 3
12345 Sorgenstadt

Wunderland, 20.08.2014

Ihr Schreiben vom 15.08.2014
456 IK 123/13

Sehr geehrte Frau Ohnemoos,

auf Ihr o.g. Schreiben teilen wir Ihnen mit, dass die Kosten und Auslagen des Verfahrens einschließlich Verwaltervergütung und Veröffentlichungskosten bislang 1.312,02 Euro betragen.

Hierauf wurde bislang ein Betrag in Höhe von 478,00 Euro gezahlt, so dass ein Betrag in Höhe von 834,02 Euro zur Zahlung offen steht.

Zahlungen bitte ich, auf das Konto der Gerichtskasse
Konto: 111213141 (IBAN: DE12 3456 7891 0111 2131 41)
BLZ: 345 678 91 (BIC: GEBODE10XXX)
bei der Gerichtsgebührenbank Wunderland

zu leisten.
Hierbei bitte ich zu beachten, dass Ratenzahlungen unter 20,00 € aufgrund des hohen Verwaltungsaufwands grundsätzlich nur in Ausnahmefällen akzeptiert werden.

Mit freundlichen Grüßen

Ganz-Korrekt
Rechtspfleger

Anlage: Gerichtskostenrechnung

Gerichtskostenrechnung:

2310	Verfahren über den Antrag der Schuldnerin auf Eröffnung des Insolvenzverfahrens, §§3, 34, 58 GKG, 0,5 Gebühren aus Wert 483,00 €	**17,50 €**
2320	Durchführung des Insolvenzverfahrens, §§3,34, 58 GKG 2,5 Gebühren aus Wert 483,00 €	**87,50 €**
9017	An Verwalter zu zahlende Beträge	**1.202,02 €**
9004	Bekanntmachungskosten	**5,00 €**
		1.312,02 €
anzurechnende Beträge		**- 478,00 €**
Bitte zahlen Sie		**834,02 €**

Nun weißt du also, welchen Betrag du insgesamt zahlen musst, bis die Verfahrenskosten vollständig gedeckt sind.

Dabei musst du auch bedenken, dass zusätzlich zu diesen Kosten, die für das eröffnete Verfahren anfallen, künftig einmal jährlich die Mindestvergütung des Treuhänders für die Wohlverhaltensphase anfällt. Diese beträgt aktuell mindestens 119,00 € pro Jahr, so dass du zusätzlich eine Zahlung von 10,00 €/Monat einplanen musst!

Diese Vergütung solltest du auf jeden Fall zahlen, sobald dir eine entsprechende Rechnung zugesandt wurde, damit du die frühere Restschuldbefreiung erreichen kannst!

Beispiel für ein Anforderungsschreiben des Treuhänders zur Zahlung der Mindestvergütung des Treuhänders:

StB A. Wissend, Postallee 3, 12345 Sorgenstadt Tel.: 01234-56789
Fax: 01234-5678910
E-Mail: info@kanzlei-wissend.de

Frau Beate Ohnemoos
Neustraße 3
12345 Sorgenstadt

Sorgenstadt, 14.08.2015

Ihr Insolvenzverfahren

Sehr geehrte Frau Ohnemoos,

in Ihrem Verfahren ist inzwischen das erste Jahr nach Aufhebung am 10.08.2014 abgelaufen.

Ich habe Sie daher aufzufordern, die hierfür anfallende **Treuhändervergütung** in Höhe von 119,00 € gem. beigefügter Kostenvorschussrechnung **bis zum 30.08.2015** auf mein u.g. Konto anzuweisen.
Die Vergütung entspricht der Mindestvergütung nach §14 Abs. 3 InsVV.

Ich weise darauf hin, dass gem. §298 InsO das Amtsgericht auf Antrag des Treuhänders die Restschuldbefreiung versagen kann, wenn die an diesen abgeführten Beträge für das vorangegangene Jahr seiner Tätigkeit die Mindestvergütung nicht decken und der Schuldner den fehlenden Betrag nicht einzahlt.

Diese Treuhändervergütung ist von der für das Insolvenzverfahren gewährten Verfahrenskosten-Stundung zunächst nicht umfasst. Für den Fall, dass Sie nicht in der Lage sind, die Rechnung zu begleichen, können Sie ggf. einen weiteren Antrag auf Kostenstundung bei dem Amtsgericht Wunderland stellen.

Mit freundlichen Grüßen

Steuerberaterin A. Wissend
als Treuhänderin

In unserem Beispiel hast du nun also 8 Monate nach Eröffnung des Insolvenzverfahrens die Gerichtskostenrechnung vorliegen.

Wenn die Restschuldbefreiung pünktlich nach 5 Jahren (= 60 Monaten) ab Eröffnung erteilt werden soll, verbleiben also 52 Monate, um die Verfahrenskosten zu zahlen.

Da aber das Gericht auch Zeit benötigt, um dann über deinen entsprechenden Antrag auf vorzeitige Restschuldbefreiung zu entscheiden, solltest du 3 Monate „Puffer“ einplanen, um keine wertvolle Zeit zu verlieren.

Ich habe das bisherige Beispiel beibehalten, auch wenn es nicht ab dem 01.07.2014 eröffnet wurde und daher die Möglichkeit 10 für Beate Ohnemoos nicht gegeben wäre. Dies einfach um, in der Systematik zu bleiben und um die Vorlagen einfach für dich zu formulieren.

Die Rechnung lässt sich für dein nach dem 01.07.2014 eröffnete Verfahren leicht umsetzen:

1. **Notiere den Tag der Eröffnung deines Verfahrens.** Im Beispiel hier war das der 02.01.2014.

2. **Notiere den Tag, an dem du die Gerichtskostenrechnung erhältst.** Im Beispiel war das gut 8 Monate nach Eröffnung.

3. **Ziehe die verstrichenen Monate bis zur ersten Zahlung von der geplanten Gesamtdauer 60 Monate (=5 Jahre) ab.** Im Beispiel waren das also 8 Monate (kurzfristige Zahlung der ersten Rate unterstellt), verblieben also 52 Monate.

4. **Plane sicherheitshalber einen „Puffer" von 3 Monaten ein.** Im Beispiel bleiben dann also 49 Monate.

5. **Teile die mitgeteilten Verfahrenskosten durch die errechnete Laufzeit.** Im Beispiel also 834,02 € ./. 49 Monate = 17,02 € monatliche Rate.

6. **Runde den Betrag auf, damit du das Ziel sicher erreichst (und besser zu früh als zu spät).** Im Beispiel ergibt das also eine Rate von 20,00 € pro Monat (auch wegen der Mindestsumme, die das Gericht mitgeteilt hat, aber auch weil du dir den Betrag besser merken kannst).

7. **Richte einen entsprechenden Dauerauftrag bei deiner Bank ein, damit du die Zahlung nicht vergessen kannst!**

8. **Führe eine Liste über deine Zahlungen** und füge direkt die Überweisungsbelege hinzu, damit du sie später ohne zu suchen für das Gericht bereit hast.

9. **Sind die Gerichtskosten vollständig beglichen, kannst du den Antrag auf vorzeitige Restschuldbefreiung stellen:**

Musterschreiben an das Insolvenzgericht – **Antrag auf vorzeitige Restschuldbefreiung nach Zahlung der Kosten -**:

Abs.: Beate Ohnemoos
Neustraße 3
12345 Sorgenstadt

An das Amtsgericht
- Insolvenzgericht –
Wunderland

Sorgenstadt, den

Aktenzeichen: 456 IK 123/13

Sehr geehrte Damen und Herren,

in meinem Verfahren habe ich inzwischen die mitgeteilten Verfahrenskosten in Höhe von 1.312,02 € gem. den in Kopie beigefügten Überweisungsbelegen vollständig gezahlt. Auch die Treuhändervergütung ist vollständig beglichen.

Ich beantrage daher gem. §300 Abs. 1 S. 2 Nr. 3 InsO, mir nach Ablauf von fünf Jahren der Laufzeit der Abtretungserklärung die Restschuldbefreiung zu erteilen und mir den entsprechenden Beschluss zeitnah zukommen zu lassen, damit ich die Löschung aus den Schuldnerregistern beantragen kann.

Mit freundlichen Grüßen

Beate Ohnemoos

Hier noch zur Verdeutlichung eine alternative Rechnung für Verfahren, in denen es keinerlei Einnahmen gab:

1. Eröffnung am 01.07.2014
2. Gerichtskostenmitteilung z.B. April 2015
3. 60 Monate abzüglich 9 verstrichene = 51 Monate
4. 51 Monate abzüglich 3 Monate = 48 Monate
5. Gerichtskosten in Höhe von ca. 1.400,00 € vollständig offen ./. 48 Monate = 29,17 €
6. Aufgerundet also **30,00 €** pro Monat

Da die Verfahrenskosten aufgrund von Änderungen im Vergütungsrecht für die Verwalter tendenziell eher steigen werden und du ja auch die jährliche Vergütung für die Wohlverhaltensphase mit einplanen musst(also rund 40,00 € Verfahrenskosten + 10,00 € Treuhändervergütung), solltest du realistischerweise von einer monatlichen Zahllast von rund **50,00 €** ausgehen!

Nur wenn du bereit und in der Lage bist, diesen Betrag monatlich von deinem Einkommen abzuzweigen und regelmäßig zu zahlen (oder entsprechende „Sonderzahlungen" zwischendurch zu leisten), kannst du von dieser Möglichkeit letztlich Gebrauch machen.

Checkliste:

1. Was musst du tun, um diese Möglichkeit zu nutzen?

- Gerichtskostenrechnung anfordern,
- Verfahrenskosten zahlen
- Antrag auf vorzeitige Erteilung der Restschuldbefreiung stellen

2. Was ist die Rechtsfolge

umfassende Restschuldbefreiung für alle Forderungen, die vor Eröffnung des Insolvenzverfahrens bestanden haben, nach 5 Jahren ab Insolvenzeröffnung

3. Was kostet dich diese Regelung insgesamt?

- ggf. Gebühren RA
- Kosten des Insolvenzverfahrens

4. Wenn erfolgreich, was noch zu veranlassen?

- rechtskräftigen Beschluss über Restschuldbefreiung abwarten
- Erledigungsvermerk / Löschung SCHUFA + Schuldnerkartei

Zeitliche Übersicht über die Möglichkeiten in den verschiedenen Verfahrensabschnitten:

1. außergerichtlicher Schuldenbereinigungsplan mit allen Gläubigern

kommt zustande:
gültiger **Vergleich,**
der erfüllt werden muss.
Kein Insolvenzverfahren

kommt nicht zustande:
Antrag auf Eröffnung des Insolvenzverfahrens inkl. Einreichung

2. gerichtlicher Schulden-bereinigungsplan mit allen Gläubigern

kommt zustande:
gültiger **Vergleich,**
der erfüllt werden muss.
Kein Insolvenzverfahren

kommt nicht zustande:

---------------------------**ERÖFFNUNG DES INSOLVENZVERFAHRENS**------------------------

inkl. Bestimmung von
-Anmeldefrist für die Forderungsanmeldungen der Gläubiger
-Prüfungstermin für die angemeldeten Forderungen und den Bericht des Treuhänders/ Insolvenzverwalters
-Schlusstermin nach Abschluss der Verwertung des pfändbaren Vermögens

parallel zum eröffneten Insolvenzverfahren kann nochmals mit den Gläubigern verhandelt (nun auch mit dem zusätzlichen Argument, dass erfahrungsgemäß nahezu vollständiger Zahlungsausfall und weiterer Aufwand durch Teilnahme am Verfahren drohen sowie zukünftige pfändbare Beträge für Verfahrenskosten statt für Zahlungen auf die Forderungen verwendet werden müssen) und ein abschließender Vergleich vorgeschlagen:

Einigung kommt zustande:

3. Einstellung des Insolvenzverfahrens mit Zustimmung aller Gläubiger, §213 Abs. 2 InsO

Insolvenzverfahren wird eingestellt.

-------------------------------- **ABLAUF DER ANMELDEFRIST** ------------------------------------

Einigung kommt nicht zustande:
Insolvenzverfahren läuft regulär weiter, zunächst bis zum

---------------------------------------**PRÜFUNGSTERMIN**--

Stehen inzwischen Mittel zur (vollständigen) Begleichung der Verbindlichkeiten bei allen Gläubigern zur Verfügung und werden diese auch tatsächlich beglichen, kann auf Antrag das Verfahren eingestellt werden:

4. Wegfall des Eröffnungsgrundes, §212 InsO

alle Schulden bereinigt und keine weiteren drohenden Verbindlichkeiten:
Insolvenzverfahren wird eingestellt.

Alternativ kann (im Verbraucherinsolvenzverfahren bei Verfahren, die nach dem 01.07.2014 eröffnet werden) nach Eröffnung des Insolvenzverfahrens bis zum Schlusstermin immer eine Regelung in Form eines Insolvenzplans erfolgen. Der Insolvenzplan kann auch bereits mit dem Eröffnungsantrag verbunden werden, Erörterung und Abstimmung dürfen jedoch nicht vor dem Prüfungstermin stattfinden.

5. Insolvenzplan unter Beteiligung aller Gläubiger

Plan formal ordnungsgemäß und Zustimmung erfolgt:
Bestätigung des Plans durch das Insolvenzgericht
Rechtsfolge: Aufhebung des Insolvenzverfahrens

Plan wegen formeller Fehler vom Insolvenzgericht zurückgewiesen oder
Zustimmung nicht erfolgt:

Insolvenzverfahren läuft regulär weiter.

Stehen keine ausreichenden Mittel zur Verfügung, um die Verbindlichkeiten vollständig zu bedienen oder sich mit allen Gläubigerin zu einigen, haben aber nicht alle Gläubiger ihre Forderungen zur Insolvenztabelle angemeldet, kann eine Einigung beschränkt auf die Gläubiger, die zur Insolvenztabelle angemeldet haben versucht werden.
Naturgemäß ist es oft leichter, sich mit weniger Beteiligten bei einer geringeren Forderungshöhe zu einigen.

Einigung kommt zustande:

6. Einstellung des Insolvenzverfahrens mit Zustimmung der Gläubiger, die Forderungen zur Insolvenztabelle angemeldet haben, §213 Abs. 1 InsO

Insolvenzverfahren wird eingestellt.

Einigung kommt nicht zustande:
Insolvenzverfahren läuft regulär weiter, zunächst bis zum

---**SCHLUSSTERMIN**---

Haben keine Gläubiger Forderungen zur Insolvenztabelle angemeldet und werden die Verfahrenskosten vollständig bezahlt, kann nach Rechtsprechung des Bundesgerichtshofs Antrag auf vorzeitige Erteilung der Restschuldbefreiung gestellt werden.

7. vorzeitige Erteilung der Restschuldbefreiung nach Zahlung der Verfahrenskosten bei fehlenden Forderungsanmeldungen

Beschluss über die Erteilung der Restschuldbefreiung ergeht; Insolvenzverfahren endet mit Rechtskraft

Haben nur wenige Gläubiger Forderungen zur Insolvenztabelle angemeldet, die erledigt werden können, und werden auch die Verfahrenskosten vollständig bezahlt, kann ebenfalls Antrag auf vorzeitige Erteilung der Restschuldbefreiung gestellt werden.

8. vorzeitige Erteilung der Restschuldbefreiung nach Erledigung sämtlicher Forderungen gem. Schlussverzeichnis + Zahlung der Verfahrenskosten

Beschluss über die Erteilung der Restschuldbefreiung ergeht; Insolvenzverfahren endet mit Rechtskraft

vorzeitige Erteilung der Restschuldbefreiung kann nicht erfolgen:
Insolvenzverfahren läuft regulär weiter

--------------Aufhebung des Insolvenzverfahrens/ Beginn Wohlverhaltensperiode---------

Wird (z.B. durch die Einnahmen aus dem laufendem pfändbaren Einkommen) eine vollständige Deckung der Verfahrenskosten und eine Deckung von 35% der angemeldeten Forderungen erreicht, kann bei Verbraucherinsolvenzverfahren, die nach dem 01.07.2014 eröffnet werden, auf Antrag die vorzeitige Erteilung der Restschuldbefreiung erfolgen.

9. vorzeitige Erteilung der Restschuldbefreiung nach Zahlung der Verfahrenskosten und 35% der Insolvenzforderungen gem. Schlussverzeichnis

Beschluss über die Erteilung der Restschuldbefreiung ergeht
frühestens 3 Jahre nach Eröffnung;

Wird zumindest die vollständige Deckung der Verfahrenskosten erreicht, kann bei Verbraucherinsolvenzverfahren, die nach dem 01.07.2014 eröffnet werden, auf Antrag die vorzeitige Erteilung der Restschuldbefreiung erfolgen.

10. vorzeitige Erteilung der Restschuldbefreiung nach Zahlung der Verfahrenskosten

Beschluss über die Erteilung der Restschuldbefreiung ergeht
5 Jahre nach Eröffnung;

--------------------Ablauf der Wohlverhaltensperiode 6 Jahre nach Eröffnung--------------

Entscheidungshilfe:

Vergleich der Möglichkeiten
- **Kosten- und Zeiteinsatz sowie**
- **Vor- und Nachteile** anhand des Beispielsfalls

Der Beispielsfall „Beate Ohnemoos" im Überblick:	
- 9 beteiligte Gläubiger ursprünglich, Schulden:	**36.563,95 €**
- 7 beteiligte Gläubiger in Insolvenztabelle, angemeldete Forderungen: in Höhe von	**25.238,95 €**
- 6 beteiligte Gläubiger in Schlussverzeichnis, festgestellte Forderungen in Höhe von	**19.885,14 €**

1. außergerichtliche Schuldenbereinigung / Zahlungsvergleich

Zeitaufwand	**ca. 2 Monate** ab Überblick über Gesamtverschuldung und Entschluss zur Regulierung
notwendige Mittel	**ca. 10 – 35%** der Gesamtverschuldung, je nach Forderungs- und Gläubigerstruktur im Beispiel also **ca. 3.700,00 € - 12.800,00 €**
Zustimmung aller Gläubiger notwendig?	**ja**
Rechtsfolgen	zivilrechtlicher Vergleich, aus dem Gläubiger nicht direkt vollstrecken können
Vorteile / Nachteile für Schuldner	- schnelle und endgültige Regelung ohne harte Negativmerkmale; - kein formelles Verfahren; - Vertretung nicht zwingend erforderlich; - keine Verfahrenskosten --- - Mittel-Beschaffung; - bei Falschangaben Vergleich unwirksam+drohendes Strafverfahren; - bei Scheitern kein Vollstreckungsschutz
Vorteile / Nachteile für Gläubiger	- deutlich bessere Zahlungsquote als durchschnittlich in Insolvenzverfahren; - schnelle, abschließende Regelung = hoher Folgeaufwand vermieden; --- - keine „offizielle" Prüfung der tatsächlichen persönlichen und wirtschaftlichen Verhältnisse

2. gerichtliche Schuldenbereinigung / Zahlungsvergleich

Zeitaufwand	**ca. 4 Monate** ab Überblick über Gesamtverschuldung und Entschluss zur Regulierung, sofern Bearbeitung bei Schuldnerberatungsstelle unverzüglich beginnt
notwendige Mittel	**ca. 10 – 35%** der Gesamtverschuldung, je nach Forderungs- und Gläubigerstruktur im Beispiel also **ca. 3.700,00 € - 12.800,00 €** - falls Schuldnerberatung nicht kostenlos erfolgt: dortige Gebühren, ca. **400,00 €**
Zustimmung aller Gläubiger notwendig?	**Zustimmung der Mehrheit notwendig** (nach Köpfen oder Summen)
Rechtsfolgen	prozessualer Vergleich, aus dem Gläubiger direkt vollstrecken können
Vorteile / Nachteile für Schuldner	- schnelle und endgültige Regelung ohne harte Negativmerkmale; - keine Eröffnung des Insolvenzverfahrens; - Zustimmungsersetzung möglich - Vollstreckungsschutz --- - Vertretung zwingend erforderlich Mittel-Beschaffung; - bei Scheitern kein Vollstreckungsschutz
Vorteile / Nachteile für Gläubiger	- deutlich bessere Zahlungsquote als durchschnittlich in Insolvenzverfahren; - schnelle, abschließende Regelung = hoher Folgeaufwand vermieden; - zumindest Plausibilitätsprüfung der tatsächlichen persönlichen und wirtschaftlichen Verhältnisse --- - keine gründliche Prüfung der tatsächlichen persönlichen und wirtschaftlichen Verhältnisse - mögliche Überstimmung durch andere Gläubiger

3. Einstellung mit Zustimmung aller Gläubiger vor Ablauf der Anmeldefrist

Zeitaufwand	**ca. 5 Monate** ab Überblick über Gesamtverschuldung und Entschluss zur Regulierung
notwendige Mittel	**ca. 10 – 35%** der Gesamtverschuldung, je nach Forderungs- und Gläubigerstruktur im Beispiel also ca. **3.700,00 € - 12.800,00 €**
Rechtsfolgen	Einstellung des Insolvenzverfahrens
Vorteile / Nachteile für Schuldner	- schnelle Regelung; - Vertretung nicht zwingend erforderlich; - reduzierte Verfahrenskosten --- - Mittel-Beschaffung; - eröffnetes Insolvenzverfahren - sehr schnelles, gut vorbereitetes Handeln nötig - bei Falschangaben Vergleich unwirksam+drohendes Strafverfahren; - kein Vollstreckungsschutz
Vorteile / Nachteile für Gläubiger	- deutlich bessere Zahlungsquote als durchschnittlich in Insolvenzverfahren; - schnelle, abschließende Regelung = hoher Folgeaufwand vermieden; --- - keine gründliche Prüfung der tatsächlichen persönlichen und wirtschaftlichen Verhältnisse

4. Einstellung wegen Wegfalls des Insolvenzgrundes

Zeitaufwand	**ca. 1 -2 Monate** ab Eröffnung des Insolvenzverfahrens
notwendige Mittel	**100 %** der Gesamtverschuldung
Rechtsfolgen	Einstellung des Verfahrens
Vorteile / Nachteile für Schuldner	- Beendigung eines unbegründeten Insolvenzverfahrens (das z.B. auf Gläubigerantrag eröffnet wurde) --- - Mittel-Beschaffung
Vorteile / Nachteile für Gläubiger	- vollständiger Forderungsausgleich --- -

5. Insolvenzplan

Zeitaufwand	**ca. 2 -12 Monate** ab Eröffnung des Insolvenzverfahren
notwendige Mittel	**ca. 15 – 40%** der Gesamtverschuldung, je nach Forderungs- und Gläubigerstruktur im Beispiel also **ca. 5.500,00 € - 14.600,00 €** **zzgl. Teil Verfahrenskosten**
Rechtsfolgen	Vertrag eigener Natur
Vorteile / Nachteile für Schuldner	- schnelle und endgültige Regelung nach „eigenen Spielregeln2 außerhalb der normalen Verwertung des Insolvenzverfahrens - Zurückerlangen des Verfügungsrechts / der wirtschaftlichen Handlungsfähigkeit; --- - Mittel-Beschaffung; - (gebührenpflichtige) Vertretung empfehlenswert - bei Scheitern Fortsetzung Insolvenzverfahren
Vorteile / Nachteile für Gläubiger	- deutlich bessere Zahlungsquote als durchschnittlich in Insolvenzverfahren; - Kontrolle von Insolvenzgericht im Hintergund; - Schuldner schnell wieder „guter Vertragspartner --- - bei Scheitern verschlechterte Verwertungsaussichten

6. Einstellung mit Zustimmung aller Tabellen-Gläubiger

Zeitaufwand	**ca. 2 - 4Monate** ab Insolvenzeröffnung
notwendige Mittel	**ca. 10 – 35%** der Gesamtverschuldung, je nach Forderungs- und Gläubigerstruktur im Beispiel also **ca. 3.700,00 € - 12.800,00 €** **zzgl. Verfahrenskosten ca. 1.400,00 €**
Rechtsfolgen	Einstellung des Verfahrens
Vorteile / Nachteile für Schuldner	- schnelle und endgültige Regelung ohne harte Negativmerkmale; - verbesserte Erfolgsaussichten für Einigung gegenüber „unwilligen" Gläubigern; - reduzierte Verfahrenskosten --- - Mittel-Beschaffung; - bei Falschangaben Vergleich unwirksam+drohendes Strafverfahren; - bei Scheitern droht neues Insolvenzverfahren
Vorteile / Nachteile für Gläubiger	- deutlich bessere Zahlungsquote als durchschnittlich in Insolvenzverfahren; - schnelle, abschließende Regelung = hoher Folgeaufwand vermieden; - leichtere Prognoseentscheidung anhand Feststellungen des Insolvenzverwalters --- - bei Scheitern neuer Folgeaufwand

7. Vorzeitige Restschuldbefreiung, Verfahren ohne Forderungsanmeldungen

Zeitaufwand	**ca. 8 - 12 Monate** ab Eröffnung des Insolvenzverfahrens
notwendige Mittel	**Höhe der Verfahrenskosten** im Beispiel also **rund 1.400,00 €**
Rechtsfolgen	umfassende Restschuldbefreiung gegenüber allen Gläubigern
Vorteile / Nachteile für Schuldner	- umfassende Restschuldbefreiung nach kurzer Verfahrenslaufzeit --- - Mittel-Beschaffung;
Vorteile / Nachteile für Gläubiger	- --- - keinerlei Zahlung mangels Mitwirkung der Gläubiger am Verfahren

8. Vorzeitige Restschuldbefreiung bei Erledigung aller Forderungen gem. Schlussverzeichnis

Zeitaufwand	**ca. 12 Monate** ab Eröffnung des Insolvenzverfahrens
notwendige Mittel	**ca. 10 – 35%** der Gesamtverschuldung, je nach Forderungs- und Gläubigerstruktur im Beispiel also **ca. 3.700,00 € - 12.800,00 €** **zzgl. Höhe der Verfahrenskosten ca. 1.400,00 €**
Rechtsfolgen	umfassende Restschuldbefreiung gegenüber allen Gläubigern
Vorteile / Nachteile für Schuldner	- Einigung nur mit einem Teil der Gläubiger notwendig, während die Restschuldbefreiung gegen alle Gläubiger wirkt - Abkürzung der Verfahrensdauer = schnellere Wiedererlangung der wirtschaftlichen Handlungsfähigkeit; - Vertretung nicht zwingend erforderlich; --- - hartes Negativmerkmal bei SCHUFA; - Sperrfrist für neuen Insolvenzantrag
Vorteile / Nachteile für Gläubiger	- deutlich bessere Zahlungsquote als durchschnittlich in Insolvenzverfahren; - schnelle, abschließende Regelung = hoher Folgeaufwand vermieden; --- - keine langfristige Überprüfung der tatsächlichen wirtschaftlichen Verhältnisse des Schuldners

9. Vorzeitige Restschuldbefreiung nach 3 Jahren und Zahlung von 35% der Forderungen zzgl. Verfahrenskosten

Zeitaufwand	**3 Jahre** ab Eröffnung des Insolvenzverfahrens
notwendige Mittel	**ca. 35%** der im Schlussverzeichnis erfassten Forderungen, im Beispielsfall also ca. **7.000,00 €** zzgl. Verfahrenskosten eröffnetes Verfahren mind. ca. **1.400,00 €** zzgl. Treuhändervergütung mind. **357,00 €**
Rechtsfolgen	umfassende Restschuldbefreiung gegenüber allen Gläubigern
Vorteile / Nachteile für Schuldner	- Halbierung der Verfahrenslaufzeit gegenüber Regelfall --- - Mittel-Beschaffung; - Informationsbeschaffung über Stand der Kosten, Einnahmen und Verteilung im Verfahren - bei Ausgleich durch laufendes pfändbares Einkommen deutlich höhere Verfahrenskosten
Vorteile / Nachteile für Gläubiger	- deutlich bessere Zahlungsquote als durchschnittlich in Insolvenzverfahren; --- - ggf. Vermögensverschleierung im Vorfeld des Verfahrens (aber Missbrauchskontrolle) - bei laufendem pfändbaren Einkommen Verlust von 3 Jahren Quotenzahlungen

10. Vorzeitige Restschuldbefreiung nach 5 Jahren aufgrund vollständiger Zahlung der Verfahrenskosten

Zeitaufwand	**5 Jahre** ab Eröffnung des Insolvenzverfahrens
notwendige Mittel	**Verfahrenskosten 1.400,00 €** **zzgl. Mindestvergütung des Treuhänders mind. rund 600,00 €**
Rechtsfolgen	umfassende Restschuldbefreiung gegenüber allen Gläubigern
Vorteile / Nachteile für Schuldner	- 1 Jahr Zeitgewinn gegenüber Regelfall --- - Mittel-Beschaffung;
Vorteile / Nachteile für Gläubiger	- keine unnötig lange Laufzeit trotz fortlaufend fehlender Quotenaussicht; - Folgeaufwand teilweise vermieden --- -

Grund-Regeln für die Abkürzung zur Schuldenfreiheit

(wenn dir ein Punkt schwerfällt, nimm Hilfe in Anspruch!)

1. **Verschaffe dir vollständigen Überblick über deine gesamte wirtschaftliche Situation** (Einkommen, verwertbares Vermögen, laufende Kosten, notwendige Anschaffungen, Verbindlichkeiten)

2. **Halte Kontakt zu den Gläubigern und bleib dabei sachlich!**

3. **Erstelle eine vollständige Liste aller dir bekannten Gläubiger,** inklusive deiner Bank bei überzogenem Konto

4. **Erfrage von allen Gläubigern eine aktuelle Aufstellung der dortigen Forderungen inkl. Kosten und Zinsen an**

5. **Erstelle eine ehrliche, vollständige Übersicht über alle gegen dich bestehenden Forderungen**

6. **Prüfe realistische Möglichkeiten zur Bedienung der Forderungen** (kurzfristige Stundung, Ratenzahlung, Einmalbetrag, etc.)

7. **Unterbreite den Gläubigern ein akzeptables Angebot unter Offenlegung deiner persönlichen und wirtschaftlichen Verhältnisse**

8. **Benenne Vorteile bei Zustimmung und Aussichten bei Ablehnung**

9. **Halte dich pünktlich und vollständig an dein Angebot**

10. **Vermeide neue Schulden! Pfändungen etc. verhindern Erfüllung des Angebots**

Häufige Fehler, an denen Vergleichsverhandlungen scheitern

1. Ignorieren von Gläubigerschreiben über einen längeren Zeitraum

2. Glaube, dass die Gläubiger an der Situation „schuld sind“ und man selber „nur Opfer“

3. Vermeiden einer ehrlichen Übersicht über die Gesamtverschuldung

4. Verhandeln immer nur auf Vollstreckungsdruck einzelner Gläubiger

5. Falschangaben über die persönlichen und wirtschaftlichen Verhältnisse/ Verschweigen von Vermögenswerten

6. Unsachliche Aussagen (Beschimpfen, Betteln, Drohen, etc.) in der Korrespondenz mit den Gläubigern

7. Nichtzahlung vereinbarter Raten

8. unrealistische Zahlungsangebote

9. fehlende Mitteilung über Umzug, maßgebliche Änderungen

10. Falsche oder unvollständige Angaben in den Unterlagen bei Insolvenzantrag

Geschafft!

Du hast alle notwendigen Dinge getan, um aus eigener Kraft aus deinen Schulden herauszukommen.

Du hast die fremde Welt des Insolvenzverfahrens erfolgreich durchquert, vieles gelernt und geschafft und die (Rest)Schuldbefreiung erlangt.

Du kannst wirklich stolz auf dich sein!

Wenn dir dieses Buch auf deinem Weg geholfen und dein Vorgehen erleichtert hat, freue ich mich über deine gute Bewertung bei Amazon!

Weitere Infos gibt es unter www.inso-im-griff.de

Danksagung:

Ich danke allen Menschen, die an der Idee und Entstehung dieses Buches mitgewirkt haben, von Herzen: meinen Kollegen und den Rechtspflegern für den fachlichen Austausch, meinen Mitarbeitern für die tatkräftige Unterstützung, den vielen engagierten Schuldnerberatern für ihre Anregungen und all den Menschen, die mir in den vergangenen 10 Jahren ihr Vertrauen ausgesprochen und mich mit der Beratung und Vertretung in ihren Angelegenheiten beauftragt haben oder für die ich als Treuhänderin tätig war. Ihre Geschichten und Erlebnisse waren Anlass für mich, Ratgeber wie diesen zu schreiben.

Vor allem danke ich meiner Familie und meinen Freunden, die immer an mich glauben und mich unterstützen bei allem, was ich tue.

Beispiel-Personen der Reihe inso-im-griff:

Beate Ohnemoos = Schuldnerin

Tim Lieder = Chef von Beate

Hans Grummel = Vermieter von Beate

Gerd Gerichtsvollzieher = Vollstreckungsbeamter

Pia Engel = Schuldnerberaterin und gute Seele für Beate

Ingolf Hilfreich = Rechtsanwalt von Beate

Agatha Wissend = Treuhänderin/Insolvenzverwalterin

Bernd Schulze-Müller = Richter am Insolvenzgericht

Alfred Ganz-Korrekt = Rechtspfleger am Insolvenzgericht

Michael Kunze = Justizbeamter am Insolvenzgericht

Stefan Steuerprüfer = Finanzbeamter

sowie diverse **Gläubiger**:

Ziel-Bank AG; Anna-Versand; Superphone GmbH; Saft-Kraft-Energie AG; Sparkasse Sorgenstadt; Autohaus H. Blechle; Tolle Hütte Bausparkasse AG; ....

Titel der Reihe inso-im-griff – Vorschau-:

1) Privatinsolvenz – **So läuft´s!**
2) Privatinsolvenz – Der Insolvenzverwalter und ich: **Meine Rechte in der Insolvenz**
3) Privatinsolvenz – **Schneller schuldenfrei**: Abkürzungen im Insolvenzverfahren
4) Privatinsolvenz – Unterhalt, Schmerzensgeld, Betrug: Was tun mit sog. **unerlaubten Handlungen**?
5) Privatinsolvenz – Partner, Kinder, Unterhalt und **Haftung**
6) Privatinsolvenz - **Arbeit**, Selbständigkeit, pfändbares Einkommen
7) Privatinsolvenz – Auto, Versicherungen, Vermögen und **Verwertung**
8) Privatinsolvenz - **Einkommensteuer** leicht erledigt
9) Privatinsolvenz – Häufige **Fragen und Irrtümer** mit bewährten Antworten
10) Meine **Immobilie** in der Insolvenz
11) Mein **Arbeitnehmer** in der Insolvenz
12) Mein **Mieter** in der Insolvenz
13) Als **Gläubiger** in der Insolvenz
14) Regelinsolvenz – Für **Einzelunternehmer** und Kleinbetriebe

33208841R00101

Printed in Poland
by Amazon Fulfillment
Poland Sp. z o.o., Wrocław